JN175721

子どもがどんどんやる気になる国語教室づくりの極意

学級づくり編

二瓶弘行［編著］
夢の国語授業研究会［著］

東洋館出版社

若き先生たちへのメッセージ

子どもたちが「言葉」と生き生きかかわるクラスをつくろう

二瓶　弘行

「言葉の力」は「生きる力」

暖かな春の4月、小学校に入学したばかりの1年生の国語教室。小さな子どもたちが、一生懸命に文字を書いています。初めて学ぶ、平仮名という文字。

あいうえお　かきくけこ　さしすせそ…。

でも、この文字たちがいくつか集まって、言葉をつくるとき、その言葉は信じられないほどの大きな力をもつ存在となります。

バラバラに並べてみれば、たった46個の文字にしかすぎません。

「う・ま・れ・て・き・て・く・れ・て・あ・り・が・と・う」

この社会で生きていくことがイヤになり、様々な非行を繰り返して警察に補導された子どもに、その母親が手紙で綴った言葉です。中学生のその子は、手紙を読みながら、声を上げて泣いたそうです。そして、また、人を信じることを始め、学校へ戻っていきます。わずか14個の文字が、彼を救いました。

「お・ま・え・は・こ・の・よ・か・ら・き・え・ろ」

このたった12個の平仮名。何回かキーを叩き、メール送信ボタンを押すだけで、相手の手元にあっという間に届く。その人が、どんな表情で文字を読むのかを知ることなく。けれども、もし、その人が自分の前にいたら、この12個の文字を並べることはきっと難しい。自分の声がその人に伝わることがわかるから。受け取ったその人の思いが見えるから。だから、きっと躊躇する。言葉は恐ろしい。その人の心を深く傷つけ、ときとして、命をも奪うことがある。

だから、学校の教室で、子どもたちは学ばなければなりません。

言葉は、時として人を救うこと。時として人を傷つけること。自分の使う言葉がそれを受け取る人にとって、どんな意味をもつのか考えなければならないこと。安易に言葉を並べてはいけないこと。それほどに、言葉は重いこと。

だから、そして、学校の教室で、子どもたちは学ばなければなりません。

一編の物語を学習材に、言葉が美しい作品世界を創り上げていること。言葉のもつ面白さ、楽しさ、不思議さ。一編の文章を学習材に、言葉が人間の生の真実を描いていること。言葉のもつ巧妙さ、すばらしさ、凄さ。

だから、どうしても、学校の教室で、子どもたちは学ばなければなりません。

言葉を読む力、言葉を書く力、言葉を話す力、言葉を聞く力。その言葉の力を獲得することは、人間としてこの世を生きていくために、何よりも必要な力だということ。

言葉の力は、生きる力だということ。

子どもたちが「言葉」と生き生きかかわるクラスづくり

私たち小学校教師の仕事は、たくさんたくさんあります。

その仕事の中でも、最も大切な仕事は、授業を通して「学力」をつけてあげることです。

では、学力とは何か。一言で言ってしまえば、人として「生きる力」。

その「学力」の根幹にあるものこそが、「言葉の力」だと、私は思います。

言葉を読む力、言葉を書く力、言葉を話す力、言葉を聞く力。これらの「言葉の力」は、あらゆる教科・領域の学びを支える力です。そして、教室での学びを超えて、子どもたち一人一人が、この時代を生きていくための必要不可欠な力なのです。

この「言葉の力」を育むために、毎日の国語授業があります。私たち教師は、教材研究を繰り返し、発問を考え、学習活動を構成し、授業をつくります。

けれども、「言葉の力」は、国語授業の時間だけで育むものではありません。子どもたちは、生活の中で言葉とともに生きているからです。

子どもたちは、学校や家庭、地域社会の中で、様々な人とかかわりながら、話し、聞き、読み、書きながら生活しています。学校生活でも、朝の登校から下校まで、ありとあらゆる活動場面で、言葉を通して、仲間とかかわりながら生きています。

だからこそ、私たち教師には、配慮と工夫が必要です。

子どもたちの生活の中で、どのようにして「言葉の力」を育んでいけばいいのか。

本書には、そのヒントがたくさんたくさん紹介されています。

学校生活での「朝の会・帰りの会・学級会」の進め方。「スピーチ」の指導方法。

家庭生活での「読書」のさせ方、日記の書かせ方。そして、「宿題」のメニュー。

保護者との連携を図る「学級だより」。さらには、言葉に親しむ「教室の環境づくり」。

どれも、子どもたちに日常的・継続的に、確かな「言葉の力」を育んであげるために、とても効果的な、とても楽しく具体的な方法を紹介しています。

本書は、熱意あふれる実践者が、若い先生のためにそれぞれの国語教室づくりのアイディアを持ち寄ったものです。その結果、内容や表現が重複しているものもありますが、そのまま掲載しています。ぜひ、それぞれのアイディアの中から、自分と自分のクラスにぴったりなエッセンスを拾い出して活用してください。

子どもたちが、言葉と生き生きとかかわりながら、確かな「言葉の力」を身に付けていく、そんなクラスをつくりたい。私たち教師の誰でも抱いている願いです。

そんな先生のために、本書が少しでも参考になることを願っています。

もくじ

Ⅸ　そのほか

国語の宿題といえば、漢字練習や日記を思い浮かべるでしょう。漢字を覚えて書けることも、日記を通して言葉を使いこなすことも大事な家庭学習の一つです。でも、ただそれだけを繰り返してもなかなか意欲が続きません。そこで例えば、次のような宿題を出してみてはいかがでしょう。

今日習った漢字ドリルの中の漢字を使って日記を書いてみよう。何個使えるかな?

このように、漢字と日記を合わせるだけで、ちょっと頭を使った宿題になります。

ここでは、もっと楽しく言葉を探したり集めたりしながら主体的に家庭学習に取り組めるような宿題メニューを紹介します。

1　漢字をいろいろ探す

「明日の漢字テストは次のような漢字です。探してきてね。」と板書します。

○ん○

やんちゃな男の子は「う※こ！」と大騒ぎ（笑）。「漢字で書ける？」と教室は大爆笑。でも、探してみると「変化・団子」などたくさんあります。次の日の漢字テストは10問。

「自分で探して集めて、それを書いてね。10個書けたら、10点です。」

すると、たくさん探してきます。実際のテストでは、10個書けばいいのに10個以上書く子もいます。そんな時は書いた数だけ丸をしてあげます。10点満点のはずが12点、15点、と書いた数の分だけ点が増えていき、子どもたちも大喜び。

似たような問題として、続けて次のような問題を出してあげることもできます。

・○ん○ん　…新聞など
・○ん○ん○…乾電池など
・○◦○○◦○…賞状など
（2文字目と5文字目は小さい字）

このように、身の回りのものを探して漢字で書くということなら楽しくできます。

・家族を漢字で書いてこよう。
・好きな芸能人を5人書こう。
・クラスの友達の名前を書こう。
・山の名前や川の名前を書こう。
・新聞の中で大きく書かれていた漢字を

書こう（切って持ってくる）。
・身の回りに四字熟語があるかな？
・冷蔵庫の中身を漢字で書こう。
・夕ご飯のメニューを漢字で書こう。
・見つけたけれど、読めない漢字（だけど読んでみたい漢字）を書いて持ってこよう。

もしかすると、該当学年では習わない漢字もあるでしょう。それは書かなくても構いませんが、もし、がんばって書いた子どもがいれば、それは褒めてあげましょう。

2 「新聞紙」から集めよう

新聞紙や広告などの紙から、学習した言葉がどれだけあるか探してみます。例えば、

新聞の中から外来語を探してこよう。

このように、カタカナで書かれている外来語を探してみます。もちろん、知っている外来語を書くことも宿題にすることができますが、あえて決められた中から「探す」ことで知らなかった言葉にふれ、新しい言葉を知ることもできます。

このような探すテーマとしては、次のようなものがあげられます。

・カタカナ言葉を探してみよう。
・ローマ字（アルファベット）がみつかるかな？
・漢字を使った数字があるかな？
・引用「……」されている所を探してみよう。
・「見出し」と「リード文」がある記事を探して写してみよう。

最近は、新聞をとっていない家庭もあるようです。そんな時は教室に古新聞を用意しておいて、「この中から好きな1日分の新聞を選んでいいよ。」と持って帰らせましょう。

3　「だじゃれ」を作ろう

同音異義語などを集めて紹介し合うとおもしろいですね（はし「橋―箸」など）。また、同じ音が含まれている言葉を集めてみることもできます。だじゃれがつくれそうです。

> 同じ言葉（音）が使われている言葉を集めておいで。
> ・いす（椅子）―スイス
> ・ベル―たべる・のべる・しゃべる

集めた言葉を使って、作文を作ってみると楽しめます。

4　漢字テストを作ってみる

長い休みや臨時休業などが入った時にはこんな宿題も出してみます。

> みんなに出題する漢字テストをつくっておいで。実際にみんなに解いてもらうよ。

今までは与えられた漢字を練習することばかりでした。ですから、問題を作るとなると、学習した漢字の中からどれにするのか集め、選択します。出題者になった子どもたちはとたんに主体的になります。

（広山　隆行）

2 言葉に慣れて親しむ宿題あれこれ

「今日の一句」で1日をふり返ろう

ポイント

楽しんで自らたくさんの言葉に触れ、慣れ親しんでいくことが言葉の力となる

1 自主的に取り組みたくなる宿題を

国語の宿題と言えば「音読」「日記」「漢字」が三大定番メニューですが、決められた課題に毎日のように地道に取り組まなくてはならないものが中心です。そうした宿題は意義を理解し継続して取り組めば言葉の力が高まるはずですが、宿題だからと仕方なくおざなりにこなしているだけで身に付いていない場合も多いのではないでしょうか。

もっと子どもたちが身近に溢れる言葉と向き合い、自ら進んで取り組みたくなるような宿題を工夫したいものです。言葉を使い慣れて親しむことができるような宿題をつくっていきましょう。

2 こんな宿題はいかが?

(1)オリジナルアンソロジー作り

　週に一度、短く簡潔でリズムのよい詩を丁寧に視写することを宿題とします。続けていくことで自分だけのアンソロジー（詩集）作りをしていきます。詩は教科書の他、『のはらうた』（工藤直子）『ことばあそびうた』（谷川俊太郎）などの詩集から選んでいくとよいでしょう。

　翌日からは、自分が視写した詩の音読を宿題としていきます。短くリズムのよい詩なので、自然に暗唱してしまう子も多いでしょう。朝の時間や国語の授業の始めなどで練習成果を発表する場をつくります。

　慣れてきたら、自分で詩を選んでいく、ペースを上げて取り組んでもよいなど、工夫の余地を設けることで、よりオリジナルなものとなり、自主的に取り組めます。

(2)言葉クイズ

　言葉や文字に関するクイズやなぞなぞを作り、答えや解説は裏に書くようにします。オリジナルの作問が難しければ、語源や難読漢字などの本を見て書くよう促します。教室に掲示したり、すきま時間を使って解き合ったりしていくと、言葉への興味と知識・理解が高まっていきます。良問はプリントして配ってもいいでしょう。

〔言葉・文字クイズ例〕

○穴埋め「あ〇〇〇り」〇に入る字は？
○「かるた」の語源は？
○「海老」「海馬」「海豚」「河豚」何と読む？

(3)今日の一句

　日々の出来事や心情を俳句にしたためるという宿題です。五七五という基本形は意識させるものの、季語や字余り・字足らず等はあまり気にせず自由に書かせましょう。
短冊に書かせることで、作品を掲示して鑑賞し合えるようにします。裏にどんな心情・情景を詠んだのか解説文を書くようにするのもよいでしょう。短歌や川柳でも同様の取組をすることができます。

⑷成句ブック

ことわざ・慣用句・故事成語・四字熟語などの成句を集め、その意味や用例などを書きまとめていきます。B5かA5版位の小さな紙を横置きにし、一つの成句を1枚にまとめます。1日1枚、日数を掛けて書き溜め、二つ折りにし背を貼り合わせて本にしていきます。週に数枚でも継続していき、最終的に授業で表紙・前書き（紹介文）・目次・後書き（感想）などを加えると立派な本ができ上がります。「動物が出てくる」「食べ物に関する」「困った時に役立つ」などテーマを決めさせるのもよいでしょう。『ことわざ絵本』（五味太郎）など参考になる本も多数出ています。

⑸大喜利

大喜利のお題への答えを考える宿題。ユーモアやひねりのある答えでなくても自分なりの解答を作れれば良しとします。持ち寄った答えを学級で交流することで、学級づくりをしながら言葉のアンテナを高くすることができます。最初はお題を教師側から提示していきますが、慣れてきたら子どもから募集するとよいでしょう。学年や学級の実態に応じて、「あいうえお作文」や「謎かけ」などのことば遊びでも、同様の活動をすることができます。

〔大喜利の「お題」例〕

○「この人、おすし好きなんだろうな。」どうして、そう思った？
○野菜ぎらいの人に野菜を食べさせるためのうまい説得
○こんな学校はイヤだ！どんな学校？
○ドラえもんのポケットから出てきた新しい秘密道具。どんな道具？
○お悩み相談室のＱ＆Ａを書いてください
○こんな宿題なら毎日でもしたい。どんな宿題？
○三つの願いが叶うなら、何をお願いする？

3　宿題のポイント

「継続は力なり」という構えで、日々の負担は小さくし、積み重ねていくことで言葉の力を育んでいける宿題を工夫します。

特に言葉遊び系の宿題では、付けたい力を明確にし、言語感覚を磨く価値を保護者にも理解してもらうことが大切です。

子どもが飽きることなく主体的に取り組めるよう、次の三点に留意しましょう。

⑴工夫して自由に表現できる余地を作る

↓すべてが決められた通りではなく、自分らしい表現ができることは、楽しんで取り組む意欲を生みます。

⑵学級で交流・ふり返りの場を作る

↓授業とリンクするなど実の場を作ることで目的意識・相手意識を生み、また友達の取組から多くを学べます。

⑶様子を見て変化・アレンジを加える

↓取り組みの実態に応じて、条件を加えたり、手軽な選択メニューを用意したりといった工夫で活性化させます。

（片山　守道）

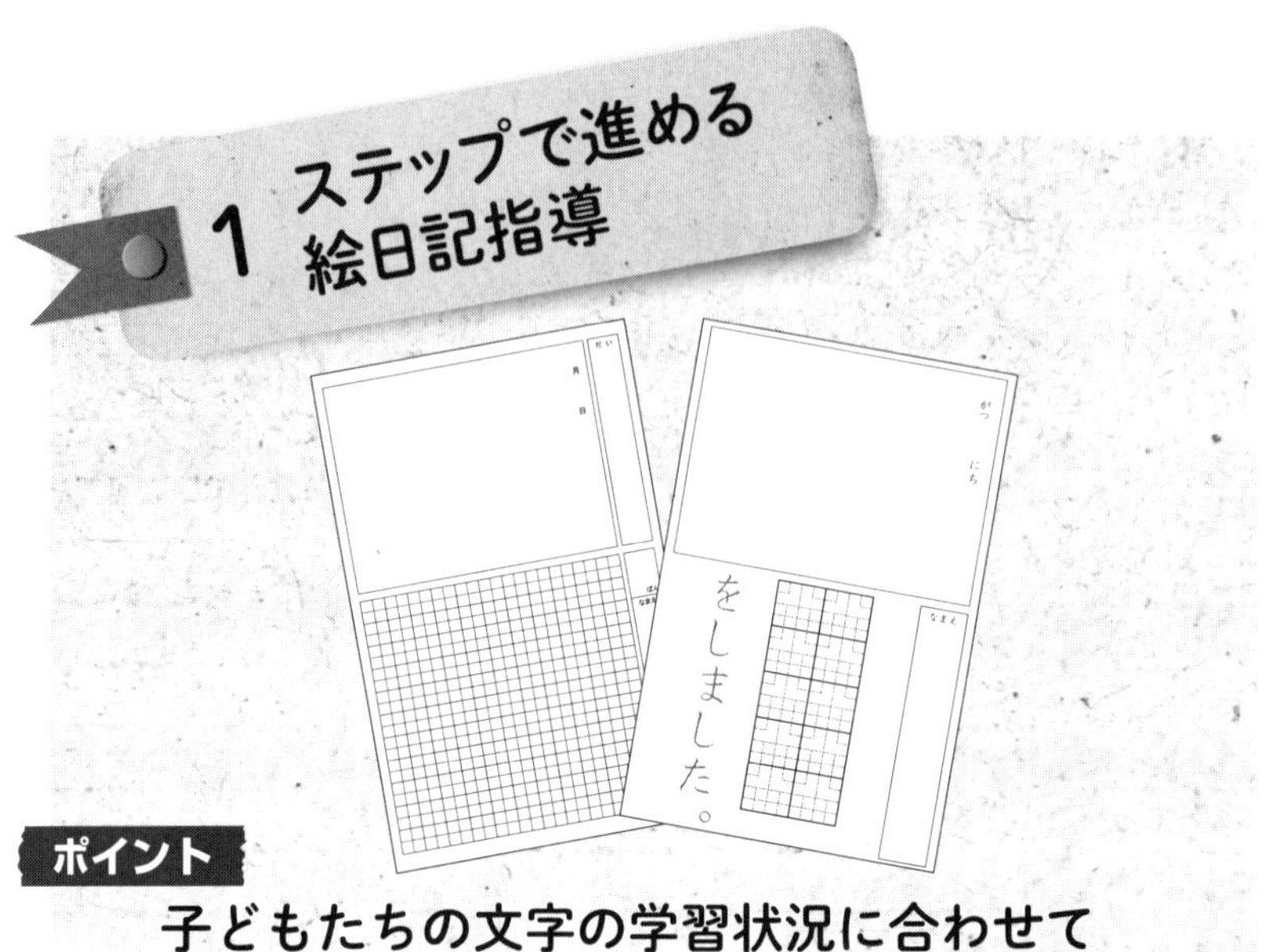

1 感想力(?)を高める絵日記指導

「小並感(こなみかん)」というネットスラングがあります。「【小】学生【並】みの【感】想」という意味で、「楽しかった」「うれしかった」などの物事に対する単純な感想を自嘲したり、揶揄したりする場合に使う言葉だそうです。

絵日記に取り組むのは多くの場合小学校低学年の子どもたち。ですから、そこに書かれる感想は文字通り「小並感」でいいわけです。しかし、そこから一歩でも二歩でも前に進んだ状態で中学年へと送り出したいというのが教師としての素直な気持ちなのではないでしょうか。

2 スモールステップで絵日記指導

「小並感」を超えていくことは、小学校1年生でも十分にできます。しかし、そのためには、まずきちんと「小並感」相当の感想を書けるように指導するところから始めなければなりません。それから、出来事や体験を詳しく書くことができるように指導し、気持ち、感想を豊かな表現で書くことができるように支援していくことが大事です。1年生の絵日記指導を例に、説明していきたいと思います。

⑴まずは絵がメイン。言葉は最低限

平仮名を教えきるまでは当然、絵がメイン。無理に文で書かせる必要はありません。平仮名学習が進んできたら【○○をしました。】と、出来事だけを書かせます。絵日記用のシートを用意します。【○○】の出来事に相当する部分には大きめのますを十ますほど用意しておき、必要な文字数だけ使わせます。【をしました。】は薄い文字で書いておき、なぞり書きすることができるようにしておきます。

※入門期は文字を書くますは大きめにして、はみ出さないことを意識させましょう。私の場合は2センチメートル×2センチメートルのますからスタートします。ますの中には点線で十字リーダーを入れます。

⑵出来事と感想とを書く枠をつくる

平仮名を書く学習が進み、文字を書くことになれてきたら、【○○をしました。】と出来事を書く枠と、その時の気持ちを書く枠とを用意したシートにステップアップします。取り組みを重ねていると、「たのしかったです」「うれしかったです」という感想に混ざって、「また○○したいです」

や「つぎは〇〇できるといいです」など、ちょっと変化のある感想が出てきます。そういう「ちょっといい表現」が登場したときには、学級全員に紹介します。様々な表現を紹介し、一人一人の中に蓄えさせていくことが「小並感」を越えていくための重要な支援となります。

(3)シートのますは徐々に増やす

子どもたちが絵日記や文を書くことに慣れてきたら、上段に絵を描く枠、下段は文字を書く枠という、一般的な（?）絵日記の形式のシートにします。まずは、ますは大きめで。出来事一文と感想一文、プラスαが書ける程度の文字数が確保できればOKです。

これを使っていると、文の数を多くしたい子や修飾語句を使いたい子から「先生、ますに入りきりませんでした」という声が上がってきます。この声が上がってきたら、ますを小さくし、シートに書ける文字数を増やしていきます。同時に、出来事と感想以外にどのようなことが書けるか、どのような書き方をするとよくわかるか、面白くなるかなどを考えさせたり、実際の子どもの工夫を紹介したりしていきます。会話文を入れることやオノマトペ、比喩表現などを紹介すると、一気に表現が豊かになります。

(4)絵にもこだわらせていく

絵日記ですから、文だけでなく絵の指導もきちんとしていきましょう。まずは、丁寧に描く、丁寧に塗ることを徹底させます。次のステップは、注目したいものを描くということです。入門期、多くの子どもは自分の全身をフレーム内に入れた絵を描くと思います。もちろんそれでもいいのですが、絵日記で伝えたい事柄だけをピンポイントで描いてもいいのだと言うことを教えていきます。例えば、カブトムシを捕まえたことを描いているのであれば、カブトムシとカブトムシをつかんでいる手だけを描くというように。

　絵と言葉とを組み合わせて伝えることを体験させていくのです。

3　最後は記念の一冊に

　絵日記は掲示した後、ファイリングして1年間保存しておきます。

　そして、最後にその子と担任とのツーショット写真とメッセージを書いたシートを差し込んで、個人の記念文集とします。巻末用に1年間の思い出の作文などを書かせてもいいでしょう。私の場合は、表紙付けと製本だけを印刷所に依頼して個人文集にしてプレゼントしています。だいたい1冊500円弱で本にできます。

（井上　幸信）

2 帰りの会で書く「ふり返りタイム日記」のすすめ

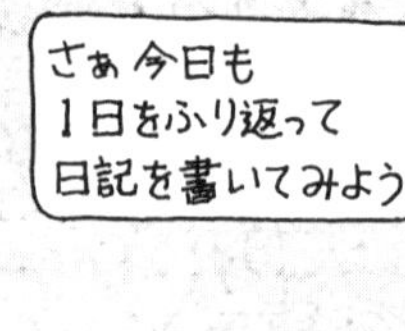

ポイント

楽しく書くという経験の積み重ねが、書く原動力に

1 「手軽に書ける」からスタート

学級で書く活動を行うときに、マイナスの反応が返ってくることはないでしょうか。顔が曇る程度ならわかりますが、露骨に「えーっ」などと声が上がる場合もあります。

それについて対応策を図らないと、子どもたちの書くことに対する抵抗感がますます膨らんでいきます。そういったことに陥らないようにするため、または脱却するための方法として、「ふり返りタイム日記」をおすすめします。

なぜなら、手軽に取り組むことができ、誰でも「書けたぞ!」という感覚を味わえるからです。

2 活動の手順

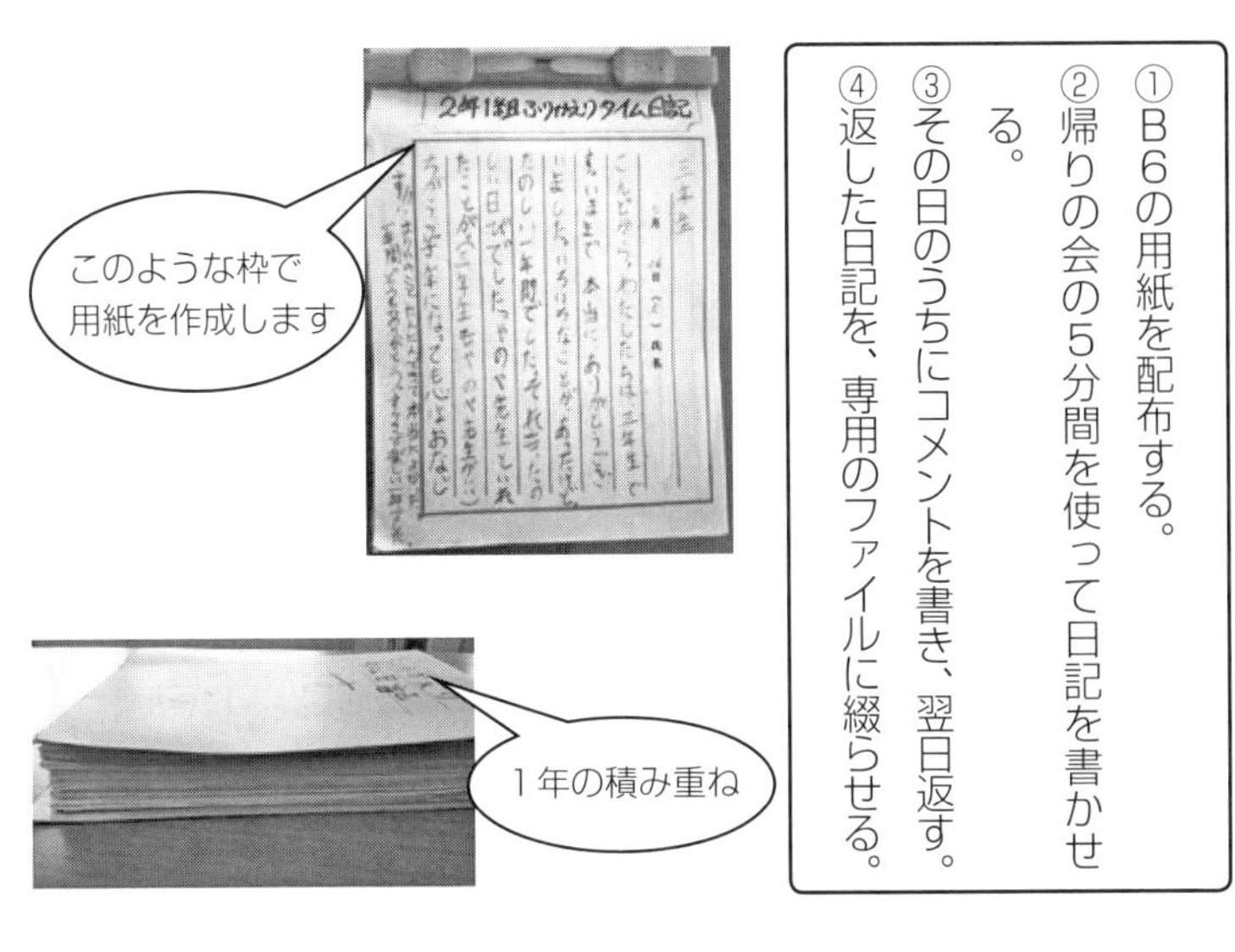

このくらいの書く量であれば、短時間で、かつ全員に無理なく取り組ませることができます。また、もう一つの長所として、ファイリングしていくために自分の頑張りが目に見えて積み重なっていくことがわかるということも挙げられます。

まずは、4月の学級開きからスタートしてみてください。日に日に効果が見えてくること間違いなしです。この日記を初めて子どもたちに書かせるとき、こう伝えています。

「1年間日記を続けると、苦手な人も一人残らず書けるようになるよ。」

「できないことをできるようにするのが先生の仕事だよ。」

少しでも、書くことに対しての意識を変えてからスタートしたいところです。

3　日記の内容

日記に書かせることは、その日、学校であった出来事の中で最も心が動いたことであるというのが基本です。しかし、それだけでは書けないことも考えられるので、書くための題材をいくつか与えます。

○今日の休み時間楽しかったこと
○今日の勉強で面白かったこと
○今日、心がうきうきしたこと
○きらりと光る友達の良さ発見
○先生に言いたいこと　　など

ファイルの裏側に、このようなテーマの一覧を貼っておき、そこから選んで書けるようにしておきます。これによって、何を書けばよいか止まってしまう子が出なくなります。

次は、日記を書く意欲が持続していくための手を打っていく必要が出てきます。実は、帰りの会で書かせるというのも、全員が必ず書き、そして日記を放課後にチェックするためでもあります。

4　意欲のもたせ方

(1)コメントで評価する

子どもたちの日記をコメントで評価していきます。ポイントは、短く端的に…です。

・気持ちがひしひしと伝わってくるね。
・この書き出しはピカイチです！
・さすが○○さん。用紙の裏まで書くなんてすごいなぁ。

・○○くんも、あなたと遊んで楽しかったことを日記に書いているよ。
・○○さんのその気持ちがうれしいなあ。

⑵書き方を指定する

「今日はこんな書き方で書いてみよう」と指定します。

○比喩表現を入れて書く
○擬音語や擬態語を入れて書く
○常体（敬体）で書く
○会話文からスタートする
○書き出し（書き終わり）の言葉を指定する　など

授業で扱った後にはもちろんのこと、いつも意識して使えるようにしていきます。

普段は自由に書かせていても、定期的に書き方を指定していくことでマンネリ化を防ぐことにもつながっていきます。

⑶日記を紹介する

学級通信や、ちょっとしたスキマの時間に子どもたちの日記を紹介すると意欲面での効果が絶大です。友達の書きぶりを真似する子も出てくるので、大いに褒めましょう。

一年間の日記を綴ったファイルは、まさにその子の足跡（歴史）です。きっと素敵な宝物になりますよ。

（弥延　浩史）

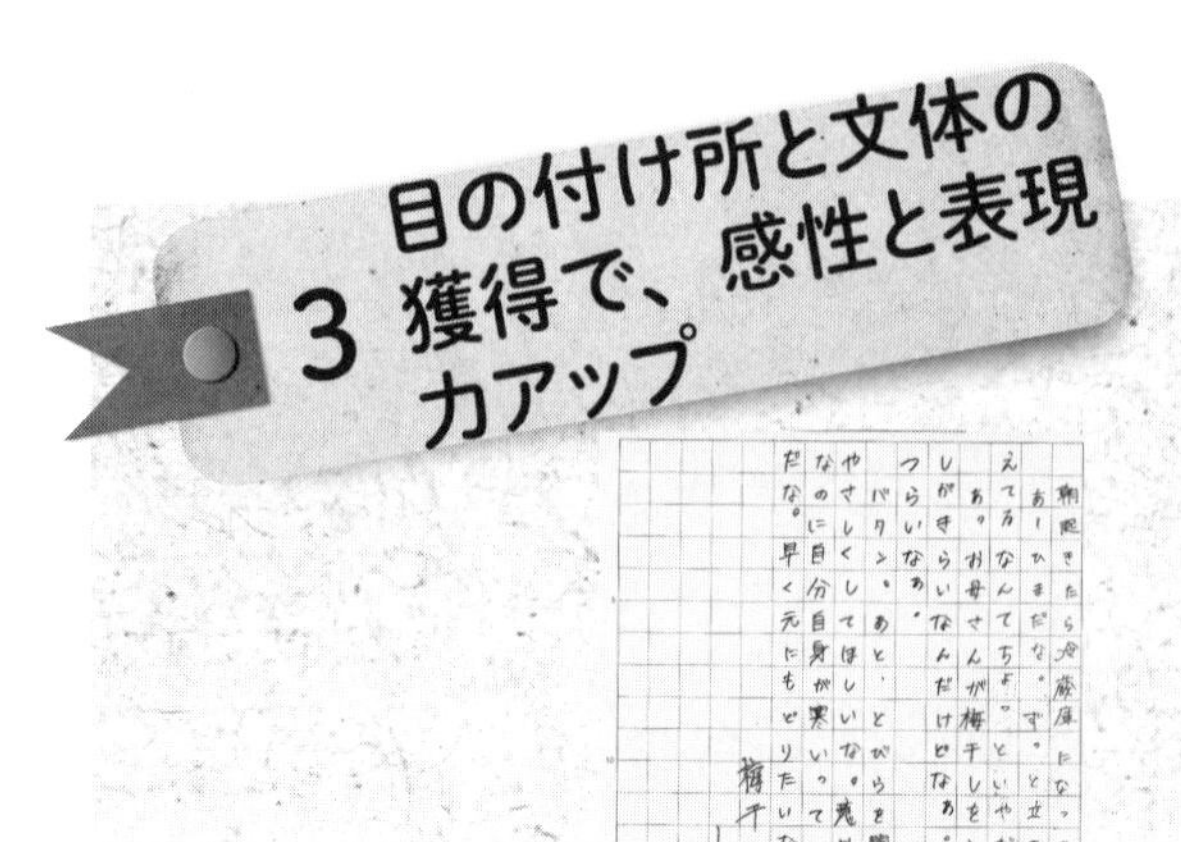

3 目の付け所と文体の獲得で、感性と表現力アップ

朝起きたら冷蔵庫になっていた。
あーひまだな。ずっと立ちっぱなしでお腹が冷
えてるなんてちょっといやだな。
あっお母さんが梅干しを入れて来た。私は梅干
しがきらいなんだけどなあ。ずっと入ってるのは
つらいなあ。
バタン。あと、とびらを閉めるときは、もっと
やさしくしてほしいな。意外と痛いんだよね。冬
なのに自分自身が寒いっていうのは、ちょっとや
だな。早く元にもどりたいな。じゃあね。
梅干しなど苦手な物を
しまうのは辛い

ポイント

いろいろな目の付けどころ、文体で日記を書いて楽しみましょう

1　こんな悩みはありませんか

毎回の日記が、

「今日、私はお母さんと買い物に行きました。楽しかったです。」のような形で終わってしまい、何だかさびしいなぁと感じたことのある先生は多いのではないかと思います。

こうなってしまう原因は一つです。

それは、「何をどうやって書くか」の指導が不足しているからです。

2　表現力を育てる、目の付け所と文体

そこで本稿では、「何をどうやって書くか」について、子どもが楽しんで取り組める二つの方法を紹介します。

一つは、「目の付け所」です。

たくさんの目の付け所を持っていれば、日常の出来事に対する感性も豊かになり、多様な表現へとつながっていきます。

もう一つは、「文体」です。色々な書き方を身に付けておくことは、日常の出来事に対する感性を磨くことにもつながりますし、ある程度まとまった文章を書く力にもつながっていきます。

では、目の付け所と文体を列挙します。

3　感性を豊かにする目の付け所

①色
②色を連想させるもの（赤を表したいのなら、夕日やリンゴなどを使う）
③音
④「〜のような」を使って音を表す
⑤におい
⑥「〜のような」を使ってにおいを表す
⑦味
⑧「〜のような」を使って味を表す
⑨触った感じ
⑩「〜のような」を使って、触った感じを表す
⑪オノマトペ（擬音語・擬態語）
⑫「〜のような（に）」を使った比喩
⑬「〜のような（に）」を使わない比喩
⑭情景（感情を景色で表す）
⑮感情を動作で表す（悲しみ→僕は肩を落として歩いた）
⑯会話

書かせるときには、子どもたちに「今日の日記は、色を必ず三つ使って書いてきましょう。例えば、怒ったお母さんの顔は真っ赤だった、みたいに。」というように、

例を示しながら指示をします。

４　感性を豊かにし、文章力を付ける文体

⑴ 一人称視点

一人称視点というのは、「ぼく」「私」などを主語にして、書くものです。

①家族の誰かになり切って
その家族の生活を書く
その家族から見た自分を書く
②歴史上の人物になり切って
その時代と比べて書く
③太陽や、雲、星になり切って空から自分を見る
④文房具になり切って
⑤身に付けている服になり切って
⑥食べ物になって

⑵ 三人称視点

三人称視点というのは、「太郎は」とか「彼は」のように、主役の名前等を主語にして書くものです。

①新聞記事風に
※五W一Hを使って書く
②スポーツ実況中継風に
※短文と会話文を使って書く
③物語風に
※導入・展開・山場・結末を意識して書く
④推理小説風に
※出来事の理由を書く（例　食べようと思っていたケーキがなくなっていた。それは、妹が食べてしまったからだ。）
⑤昔話風に
※言葉遣いを温かく、結びの言葉を面白く書く。

書かせる時には、※印で示したところを意識するように指示をします。

自分以外の人物やモノ等になり切って書くことで、子どもは自分を客観的に眺め、自分への見方の広がりにつながります。また、なり切る人物やモノの性格・特長も考えるようになります。

さらに、文種の特長を意識して書くことで表現力が高まります。

5　その他

こんなことを取り入れても楽しいです。

①短歌を一つ入れる
②俳句を一つ入れる
③ことわざ、故事成語、慣用句を入れる
④クイズを入れる
⑤会話、音、情景描写から始める
「今日、私は…」日記から脱出できます。
⑥アクロスティックで書く（所謂、あいうえお作文）

6　書いたら必ず読み合いましょう

日記はまず先生が目を通し、返事を書きます。その後、必ずグループ等で日記を読み合い、感想を交流し合いましょう。

お互いの見方や表し方の高まりにもつながりますし、お互いに書いたものを見せ合うことは、お互いをよく知ることにつながり、開かれた学級につながります。

（小林　康宏）

ポイント

一人一人を主役にしよう

1　短いスピーチを数多く

「日直による1分間スピーチを継続しているけれども、ぼそぼそと小さな声になる。」そんな声を聞くことがあります。課題は、ずばり「学級全体の友達に堂々と話す」ことです。1分間の内容や構成を考える以前の「話すこと」の基礎的な技能です。

であれば、1人1分も話す必要はありません。1人10秒であれば、6倍の人数、回数、話すことができます。7、8分あれば、40人全員がスピーチすることができます。

【全員ミニスピーチのよさ】
①スピーチする回数が増え、話し慣れる。
②すぐ次の機会があり、改善できる。
③みんなも話すので心理的な負担が小さ

い。
④短いから、内容面の負担が少ない。
⑤だから、「声の大きさ」といった話し方を意識できる。

2　全員ミニスピーチの方法

まずは、テーマを決めます。

最近・・・楽しかったこと
　　　　　笑顔になれたこと
　　　　　おいしかったもの
　　　　　お気に入りのもの
　　　　　びっくりしたこと
　　　　　うその体験

気軽に行うには特に凝ったテーマでなくてもよいでしょう。

テーマと共に、話す時間を示します。

1人10秒～15秒とします。何億円もかけるテレビのCMが15秒と思うと、十分に時間はあります。

テーマと時間を提示したら、何を話すのか考える時間です。練習時間を少しだけでも取ると、子どもは安心して話せます。


「ノートに書けたら座りましょう。」

「黒板に話してみたら座りましょう。」

「一斉に、先生に伝えたら座りましょう。」

「隣の人に話したら座りましょう。」


などと、指示して10秒測ります。

そして、発表です。

列で全員がつながるように発表していき

ます。次の順番の人は、すぐに話せるように立っておくのがポイントです。
このように流れていきます。

Aさん：昨日、○○さんが、「遊ぼう」と言ってくれて、縄跳びをしたとき楽しかったです。
Bくん：昨日、弟と鬼ごっこました。弟は鬼なのに逃げていて、「え～っ、鬼なの～」と叫んだのが面白かったです。
Cさん：お母さんとおふろに入って、学校のお話をして楽しかったです。

3　盛り上がり、力が付く活動にするコツ

だらだらとテンションの低い活動になってしまっては、力も付きません。楽しく盛り上がり、話す力の付く活動にするための、コツを紹介します。活動の前に伝えておいたり、活動の後に評価したりして、質の向上を図ります。

〈コツ①〉テンポをよくする

前に話した人に続いて、次の人は、「間」を空けずに、すぐ話すようにします。「間」が空くと、聞き手の集中力が途切れやすくなります。全員のスピーチが終わるまでの目標タイムを決めておくのも手です。

〈コツ②〉聴き手に注目

話し手の方に注目したり、人の話に反応したり、力強く短く拍手したりするなど、

聴き手の温かい態度が、話し手を育てます。

〈コツ③〉会話文を入れる

話が面白くなるためのポイントは、聞き手にイメージのわく具体的な描写です。

会話文は、簡単に使えて、聴き手のイメージを広げます。同様に擬音語も有効です。

描写すると、体験したその子だけの内容になり、聴き手も楽しく聴けます。

〈コツ④〉「けれど」「でも」を使う

逆接の接続詞を使うと、話にズレが生まれて、心を動かす話になります。

> 昨日、大好きなカレーライスが出ました。
> でも、食べ過ぎて、お腹が痛くなりました。

4　質を高めると共に場を楽しむ

振り返りで、「どの話が心に残ったか？」「それはどうしてか？」を話題にして、スピーチの質を高めていくことで、楽しく力の付く時間となります。

一方で、無理に「高めよう」とするだけでなく、教師が一人一人のスピーチを、にこにこと楽しむことも大切なことです。

みんなで楽しみながら取り組む温かい空気が、安心感を育み質を高めます。そして、質が高まっていく程に、楽しさもアップしていきます。

（山本　真司）

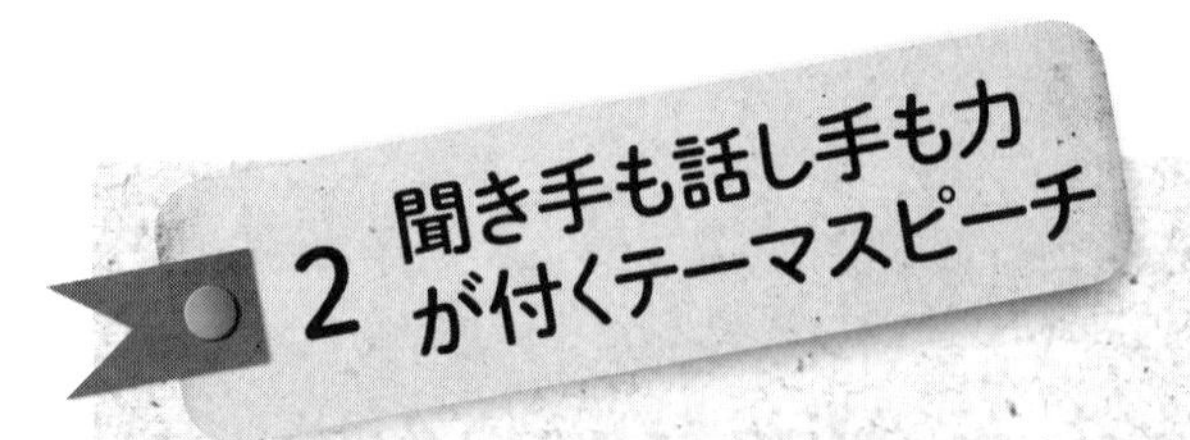

2 聞き手も話し手も力が付くテーマスピーチ

ポイント

話すのも聞くのも楽しいスピーチを継続的に続けていこう！

国語の授業の中で「話す・聞く」にかかわる学習内容は、軽視されてしまうこともあります。もちろん教科書指導の中で、意識して学習していくことができますが、「話す・聞く」力を養うためには、朝の会などで行うスピーチが一番大切なのではないかと思っています。スピーチの技術を身に付けさせるためには、短時間で継続的に行う方が力になっていくと考えています。

1 声を出すためにウォーミングアップ

音声言語技術は、実際に行いながら即時的に指導していくと効果的です。臆せずに気持ち良く声を出すことを体感させましょう。

①となりの人と目を合わせ、見つめあいながら。
②口を大きく開けて「あいうえお」というのを隣の友達に見てもらう。
③教室の端と端に言って声を出してみる。

声をボールのようにふんわり上に投げるつもりで声を出すように指導する。

2　聞く姿勢を育てる

スピーチといえば話す指導にばかり集中してしまいますが、聞く姿勢を育てることが、特に低学年には必要だと思います。

①うなずきながら聞く
②反応しながら聞く。
③目を見て聞く。
④体を向けて話を聞く。

意識的にこの4つをしない聞き方も実際にやってみると、話している方は不快な気持ちになることを感じることができます。他にも嫌な態度について考えてみるのもよいでしょう。

・ひじをついて聞くこと。
・はあ?などという嫌な反応

嫌なことはしないほうが良いねと、ルールをしっかり作っておきましょう。話している友達を大切にするということは、一生懸命に聞くことであることを教えるのは、学級経営の中でも大切なことです。

3 スピーチのテーマ

スピーチのテーマは、学年によって、また学級によって適したものを選択していくと良いでしょう。楽しくスピーチできるものを、教師の方でたくさん用意しておきたいものです。

○サイコロトーク

事前にスピーチのテーマを伝え、準備してからスピーチに臨む方法もありますが、サイコロの出た目で話すことを決めるサイコロトークは、その場で何を話すか決まるので、子どもたちもどきどきして楽しい時間になります。

○テーマスピーチ

・自分の宝物
・一番笑ったこと
・将来の夢
・一番うれしかったこと
・自分の失敗談　・最近見た夢

など

○なりきりスピーチ

・担任の先生になってスピーチします
・わたしは、宇宙飛行士です。
・○○賞受賞インタビュー

○もしもスピーチ

・もし、透明人間だったら
・もし、100万円あったら
・もし、「どこでもドア」があったら

○ショー&テルスピーチ

物を見せながら、思いを話す

など、スピーチの種類はたくさんあるの

で、子どもたちと一緒に、どんどん新しいものを考えていけたら良いと思います。また、真面目な話題だけではなく、失敗談などでは、聞いている人が、笑ってしまうような内容も紹介できたら聞いている人も楽しいことを伝え、聞き手を意識したスピーチができことをめざしていきましょう。

4　話し、聞き合うことができるために

友達が一生懸命に話しているのを、一生懸命聞ける子どもを育てたいものですが、そのために、初めは、聞かないと困る状況を作ることで、聞く意識を変えていきましょう。スピーチの後に聞き手が質問する時間をつくったり、教師がいくつかの質問を聞き手に投げかけたりするのもよいでしょう。聞いていたかを確認するために挙手をさせ、全員を参加させることも必要です。

教師がスピーチの内容、話し方を即座に褒めてあげることも、自信につながるので大切です。話すのも聞くのも楽しい体験を継続していきたいものです。

（出口　尚子）

3 毎朝続けるペアスピーチ

ペアスピーチの流れ

①テーマを示す
ア 相互理解
イ 合意の形成
ウ 新たな共創

②ペアをつくる
ア ランダムに
イ テーマに対する意見によって

③スピーチ
ア 向かい合って
イ アイスブレイク
ウ 順番決め

④スピーチ終了
・握手
・ハイタッチ

ポイント

朝からたくさん話して、心も身体もほぐしましょう

話す力は授業の中だけで育つものではありません。学校生活のあらゆる場面を使い、繰り返し使う機会をつくらないと「生きてはたらく」までにはなかなか至らないものです。そこでおすすめしたいのが朝の会のスピーチを活用することです。

「一分間スピーチ」はよく行われている手法ですが、発表する機会を多く取れないのが難点です。しかし、2人一組で行うペアスピーチは、短時間ですべての子どもに話をする機会をつくることができるのが特徴です。

では、ペアスピーチの方法を見ていきましょう。

1　テーマを示す

話したいことがたくさんある子どもでも、フリートークだと何を話していいかわからなくなります。慣れるまでは共通のテーマを設けた方がよいでしょう。

テーマは大きく、次の三つの視点からつくっていきます。

ア　互いのことをもっと詳しく知るためのテーマ（相互理解）

〈テーマ例〉

○昨日の夜ご飯はどれくらい美味しかった？

○今日の授業で一番楽しみな教科は何？（それはどうして？）

○今日の休み時間は何で遊ぶつもり？（面白いの？）

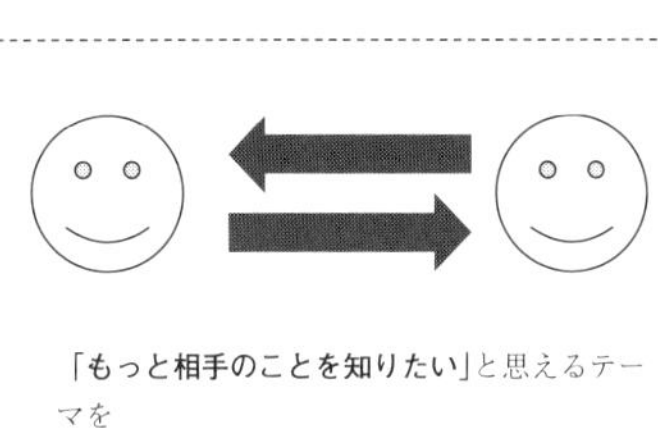
「もっと相手のことを知りたい」と思えるテーマを

イ　二人の考えを一つにすり合わせるテーマ（合意の形成）

〈テーマ例〉

○二人で大好きな給食のおかずベスト3を決めよう！

○一週間無人島で暮らす時に必ず必要なものを五つ決めよう！

○役に立つ教科と面白い教科それぞれのベスト3を決めよう！

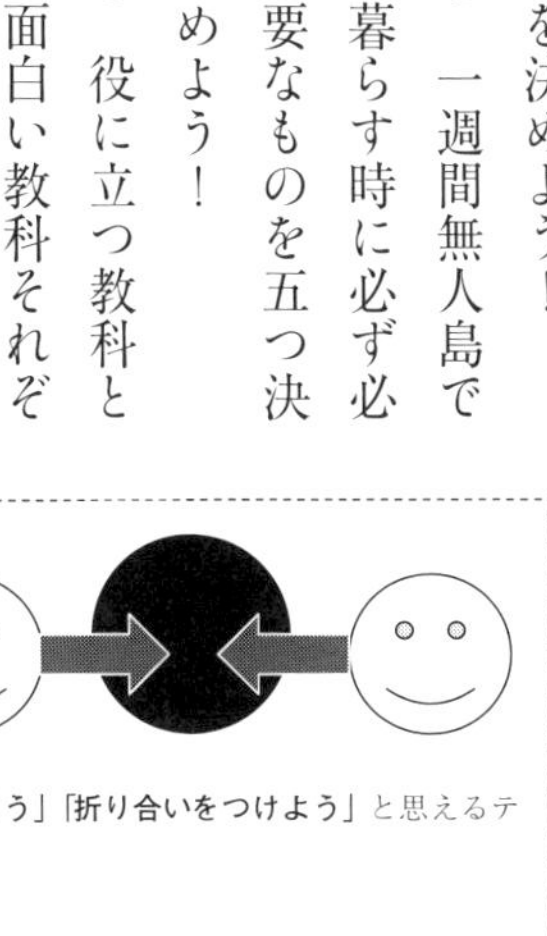
「歩み寄ろう」「折り合いをつけよう」と思えるテーマを

ウ　話し合うことで、今までにないアイディアを生み出すテーマ（新たな共創）

〈テーマ例〉

○鉄棒を使った新しい遊び方を考えよう

○学級全員が給食を完食できる、全く新しい方法を考えよう

○誰も使ったことはないけれど、言われたら絶対うれしくなる褒め言葉を考えよう

　朝の会の短い時間に行うため、結論まで至らないテーマもありますが、話し合う面白さを味わわせること自体を目的にしましょう。

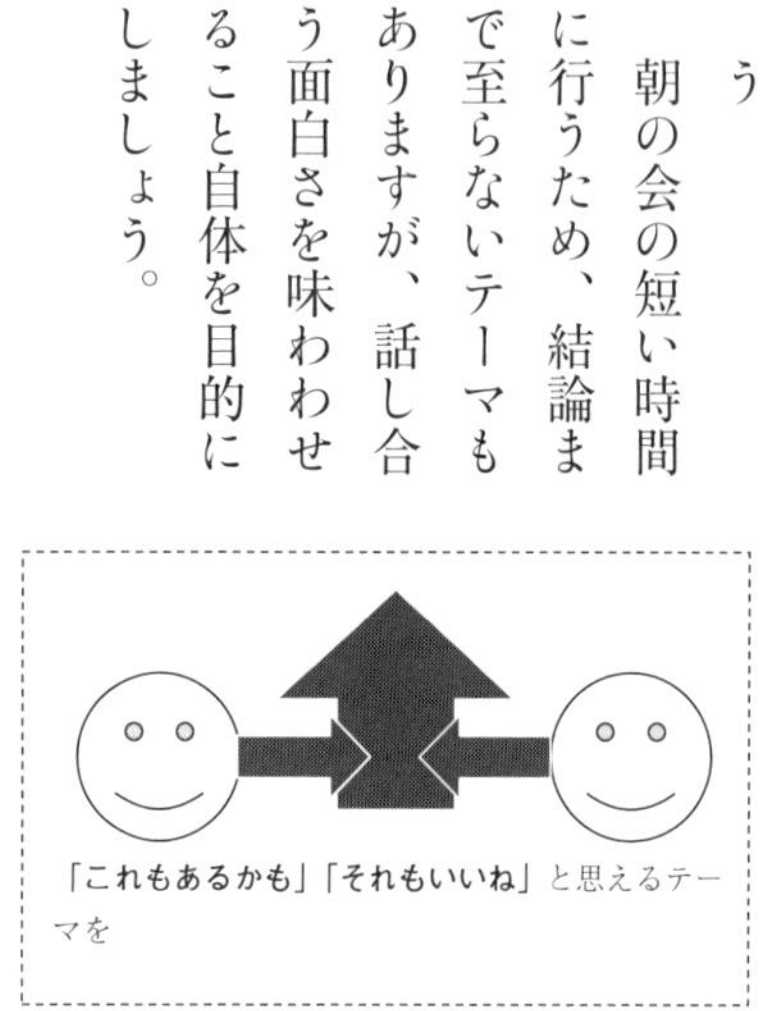
「これもあるかも」「それもいいね」と思えるテーマを

2　ペアをつくる

　朝から学級全体の雰囲気を元気なものにするために、楽しくペアをつくりましょう。

ア　ランダム性を大切にした方法例

・音楽が流れている間は自由に動き、止まったら一番近くの席に座る

イ　立ち位置を大切にした方法例

・テーマに対する立ち位置をネームマグネットで示させ、自分と近い（遠い）考えの友だちとペアを組む

3　スピーチをする

　ペアができたら、簡単な手順を踏みつつスピーチをさせます。

ア　椅子を向かい合わせる

「へそとへそを向かい合わせて」と指示

します。「膝と膝の間はグー一個分」というのもわかりやすいですね。

イ　心をほぐす

　互いの心理的な壁を無くすため、本当に簡単なアイスブレイクを行います。「握手して」「両手を伸ばしてお互いに肩をもんで」「にらめっこして」といった指示で動くだけでも、ずいぶん表情がやわらぎます。

ウ　順番を決める

　じゃんけんをして話し出す順番を決めます。まずどちらから話すかを決めることがポイントです。

エ　スピーチをする

　スピーチが始まったら、教師は口を挟まないでにこにこしながら見まもりましょう。指導すべきことは事前に、評価すべきことは事後に、それぞれ行うようにします。

4　スピーチを終わる

　3のイと同じように、話し合った相手と握手やハイタッチをさせて終わります。さあ、これで今日も一日元気に過ごせそうですね。

（宍戸　寛昌）

4 友達の話を聞く子どもを育てる

ポイント

子どもと子どもの「つながり」を見取りましょう

1 子どもは友達の話を聞いていますか

ある授業風景です。


「主人公の気持ちは、△△で、○○だと思います。」

ある子が、先生をじっと見ながら、考えたことを話す。発言を受けて教師は、

「なるほど、つまり○○ということだね。」

と、発言をまとめる。

「みんなわかったよね」

と言わんばかりに黒板に書く。

子ども達は黒板を凝視しながら健気にノートに書き写す。


こういう授業風景からは、たしかに教師も子どもたちも真面目に取り組んでいること

は、わかります。しかし、このような授業では、往々にして次のような問題点が見られます。

子どもが、仲間の話を聞いていない。

豊かな国語教室づくりには、友達の話す言葉をしっかりと受け止めようとすることが必要条件であると強く思います。

2　友達の話を聞くことを求める

まずは、教師が理想を「求める」ことから始まります。求めるから、子どもに、聞くことの大切さを語ります。

例えば、「聞く」より「聴く」の大切さを、

目＋耳＋心→聴く

というように説明します。また、

黒板を写すよりも、仲間の話をしっかり受け止めることの方が、百倍大事です。

というように理想のあり方を語ることも大切です。板書をノートに書かせるなら、書く時間を別に確保するという配慮も必要です。

3　話し手が友達に視線を向ける

普通、授業では、子どもは教師の発問に答えようとするため、当然、教師の方を見て話そうとします。でも、子どもたちが互いの話を聞き合う授業をめざす上では、仲間に視線を向けて、考えを伝えようとすることが大切です。

一番よく聞いてくれている子に向けて、話そう。
○○さんの話を聞いて、よくわからなかったら、言ってくださいね。

このような声掛けで、聞き手の聞こうとする意識と、話し手の伝えようとする相手意識が、ぐっと高まります。

4 視「線」を見取り、強化する

そして、授業では、一人の子が発言しているときに、「他の子が発言している子の話を聞いているか」にアンテナを立てます。

発言者と聞き手の目と目の間の見えない視「線」を見ようとする感覚です。

見えないつながりに注目するから、必要な手を打つことができます。友達に視線や体を向けて、うなずきながら聞いている子を見つけて、

「○○さんの聞き方がすてきだな。友達のことを大切にしているね。」

などと褒めれば、学級全体に広がっていくでしょう。

また、教師が「しっかり聞きましょう」と言いながらも、聞いていない子を見逃してしまっていることもあります。教師が妥協せず理想を求め続ける心構えが大切です。

5　子どもの話に、すぐ反応しないこと

冒頭に紹介した授業のように、教師が子どもの発言を受けて、確認のために復唱したり、わかりやすく説明し直したりすることにも注意が必要です。なぜなら、子どもが、「先生の話だけを聞けばいい」と思ってしまい、友達の発言そのものを大切にしないようになってしまうからです。

ある子の発言に、すぐには反応せず、他の子がどう感じているかに注目することが、子ども同士のつながりを育てます。

（山本　真司）

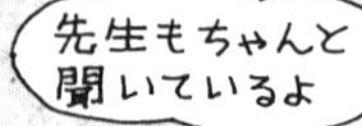

表情と仕草で
伝えよう

ポイント

「どこに立つのか」も、子どもたちへのメッセージです。

授業中、どこに立って授業していますか。「何を育もうとするのか」によって、教師の立ち位置にも様々なバリエーションがあります。

1　黒板の前

基本となる立ち位置です。教師と子どもとの間を遮断する教卓は、必要がなければ、外します。

2　話し手の後ろ側

話し手に視線を集中させることができます。

話し手には、「応援しているから、頑張って伝えよう」というメッセージになります。

3　話し手の反対側

話し手と教師で、学級全体を挟みます。

教師に向かって話そうとする子、声の小さい子の声を全体に聞かせることができます。

4　子どもの中に入る

いわゆる机間指導の場だけでなく、自信のない子の発言を支えたり、自らよい聞き方の手本を示すことができます。

5　子どもの席に座る

前で子どもが説明するときなど、子どもの席に座ることで、子どもの立場になって、授業を体感することができます。

6　気配を消す

敢えて話し合いの輪から外れて気配を消し、子どもたちだけで進めていけることをねらいます。

7　視線の高さをそろえる

子どもたちと視線の高さを合わせて、落ち着いてじっくりとみんなで話し合う空気を創ります。

（山本　真司）

1 読書好きを育てる読み聞かせ

ポイント

人物の性格　同じ登場人物（きつねしりーず）の話など選んで持ってこさせよう

　子どもたちは、読み聞かせボランティアや担任による読み聞かせがとっても大好きです。そこで、この読み聞かせへの親しみを、そのまま読書へとつなげ、読書好きな子どもたちにしていくための方法をご紹介したいと思います。

　まず、教師が選んだ本の読み聞かせをします。そして、

> この主人公によく似た性格の人って近くにいない?

と子どもたちにたずねてみます。おそらく子どもたちは、友達の名前を挙げたり、自分のお父さんやお母さんなどをイメージすることでしょう。そこで、さらに教師は、

よくわかっているね。では、この主人公とよく似た主人公のお話の本、持ってこられる人いるかな？

きっと数名の子どもたちが、自分の読書経験や保護者の意見を聞いて、自宅などから持ってくることでしょう。

そして、持ってきた本を読んで聞かせた後、

この本を持ってきてくれた●●さんは、どこが似てると思ったんだろうね？わかる人はいますか。

とたずねます。挿絵に注目して、「体型が似ているからかな」とか声の大きさに注目して「何度もどなるところがにているからかな」などなど主人公の特徴をとらえようと叙述にかえりながら想像している姿が見られるはずです。こういった、主人公の特徴（性格）に注目しながら想像している姿をおおいに褒めてみてはどうでしょうか。「もっと探してみたいな」「全く反対の性格の主人公のお話もありそうだな」など、子どもたちが読書好きになっている姿が見られると思います。そして、

主人公の特徴（性格）を比べながら読めるって楽しいね。

と「主人公で本を選ぶ」という選び方を身に付けたことを実感させてあげたいものです。このような一工夫を読み聞かせに取り入れることで、いろいろな読書の楽しさを見つけていけそうです。

（藤井　大助）

2 本に親しむ子どもになるために

ポイント

先生が本好きなら、子どもも本好きに。シリーズものなど意図的な読み聞かせは効果大

活字離れが進んでいます。本を読まない理由の多くは本の良さを知らないことにあるのではないでしょうか。本が自分の世界を広げ、学びを深める存在であることを、読み聞かせから実感することができます。多くの力を培える本に、親しむ子どもを育てていきましょう。

1　先生が本を好きになる

一番近くでモデルとなるのが先生です。先生が本を好きになれば、クラスの子どももきっと本が好きになります。本を読むことが苦手な先生は、まずは絵本からスタートしてみましょう。

2　絵本の読み聞かせをする

低学年から高学年まで、子どもたちは絵

本の読み聞かせが好きです。絵本の周りに車座に集まり、読み聞かせを聞くときには、静かに本の世界に入り込みます。まずは、曜日を決めて読み聞かせをすることから始めてみましょう。選書は、図書館の絵本コーナーをながめて、気になった「タイトル」や「挿絵」の絵本を選んでみてください。

先生が好きな本は、きっと子どもたちも好きになってくれます。

3　本のランキング

読み聞かせが終わった後に、感想を聞いてみましょう。同じ本を読んだ後でも、人によって感想は違います。

「この本を読んでどう思いましたか?」

と聞いてみてもいいです。しかし、どの子も答えやすい質問は、

「この本は星いくつですか?」

と聞いてみることです。星で表す方法は、テレビの料理番組でもおなじみです。

星1つ★　↓あまり好きじゃない
星2つ★★　↓好き
星3つ★★★↓とても好き

このときに、子どもたちが星をいくつにするかは問題ではありません。「なぜ、星を3つにしたのか。」という理由が大切です。特に、低学年の子には答えやすい質問です。感想として一番単純なのが、「好き」「きらい」だからです。感想を聞きながら、クラスの子どもたちが好きな絵本の傾向を知ることができるでしょう。そうすると、

次の絵本選びもしやすくなります。

4　感想のレベルアップ

読み聞かせで本に親しむだけでなく、国語の力をアップすることもできます。それには、先生の本選びを意図的にすることです。

①動物シリーズ
②くりかえしシリーズ
③参加型絵本
④行事や季節に合ったもの

(1)動物シリーズ

絵本の中には、動物が主人公のものはたくさんあります。登場人物に同化して読み聞かせを聞く子がほとんどです。例えば、「きつね」シリーズで絵本を選んだときの子どもたちの感想をレベルアップさせるコツとしては、

「前の本と同じで（違って）……」
「きつねは、素直じゃないから……」

など関連させて言うことです。

(2)くりかえしシリーズ

「おおきなかぶ」「三匹のこぶた」のようにくりかえしのある絵本も多いです。子どもたちはくりかえしが好きです。それは、先を予想し、考えられるからです。そして、最後にはどうなるのかまで期待しながら

聞いています。感想のレベルアップとしては、自分の想像した最後の展開を話すことや、どの言葉や文でくりかえしが終わると思ったのかを言えることです。教科書にもくりかえしのある教材は掲載されています。その学習のときに、読み聞かせで学んだことが生きてきます。

(3)参加型絵本

子どもたちも一緒になって楽しむことができます。言葉の変身を楽しんだり、どれがいいかを選んだりと、「静かに聞く」読み聞かせとは一味違うものです。感想のレベルアップとしては、自分で変身を考えたり、選んだ理由を話したりすることです。

(4)行事や季節にあったもの

遠足や運動会の行事のときや、夏のプールのときなど子どもたちの生活とリンクしやすい絵本の読み聞かせです。登場人物と自分を比べやすくなります。感想の中で、「自分は○○だけど、登場人物は△△だった。」と、自分の行動や気持ちと重ね合わせたものが出るといいです。

読み聞かせで感想を発表することは、国語の授業ですぐには力を発揮しないかもしれませんが、基本的な力が身に付きます。

5　教室にたくさんの本を置く

司書の先生や図書館担当の先生と相談して1人1冊の貸し出し冊数を2冊に増やしてもらってもいいですね。

空いた時間を利用して本を読むことができます。本に親しむ子を増やしましょう。

（流田　賢一）

3 読書につなげる指導

子ども達が好きな本
知っていますか？
教師も本を読もう

みんなが好きな本を先生も読んでみたいんだけどオススメの本を教えて下さい

ポイント

授業でも、生活のなかでも、読書につなげる努力を

読書は知的な活動や、人間形成や情操を養う上で重要なものです。また、言語に関する能力をはぐくむにあたっては、読書活動の充実が不可欠です。そのことを念頭に置き、小学校生活の中でも、子どもたちにたくさんふれさせていきたいものです。

生活の中で読書に親しんでもらうために、授業や学校生活のなかで意識して、読書活動を進めていくことが必要です。

国語の教科書の中には、物語文や詩、伝記、説明文、記録、解説などの多様な本や文章を読んで感想を述べたり、考えを表現したりする言語活動例が示されています。このような言語活動を通して、本の題名や種類などに着目したり、索引を利用して検索をしたりすることにより、子どもが自ら必要な本や資料を選ぶことができるように指導する必要があります。また、1冊の本だけでなく、同じ主人公や作家の本やシリーズへと、読書範囲が広がるよう工夫して指導していきたいものです。

1　授業のなかで

(1)読んだ本について好きなところを紹介する。

　お話のなかの一番好きなところを、その理由とともに書いたおすすめカードを作ります。（中学年になったら読書新聞として、新聞作成の指導と兼ねることもできます）説明をするために、何度も本を読み返すことができます。読み聞かせをして、クイズをすることも興味をもつことにつながります。

(2)並行読書を行う。

　神話や伝承を授業で扱ったら、朝の時間や読み聞かせの時間に似たような神話を読んだり、同じ主人公や作家のシリーズなどの並行読書を行ったり、紹介したりすることで読書範囲が広がり、日常の読書活動に結び付けていくこともできます。教科書のなかにも、並行読書につなげられるような本の紹介のページがあるので、教室にその本を置くなど意識していきましょう。

・スイミーを扱う時にレオ＝レオニの作品を読む。

・「お手紙」に合わせて、「ふたりはどもだち」の他の作品を読む

・宮沢賢治、新見南吉の作品を他にも紹介する。

・同じテーマの本を読む。友情がテーマ、親子の愛がテーマなど

(3)ブックトーク

あるテーマに沿って、様々な分野の数冊の本を順序よく紹介していく。など

(4)アニマシオン

読書が好きになるように読書ゲームをしながら読解力、表現力、コミュニケーション力を養うもので、間違い探しで文章を集中して聞いたり、だれのもの?と聞くことで、登場人物の持ち物や服装に注目させたりするなど、楽しみながら読み進めることができます。

2　学級指導のなかで

(1)読み聞かせを行う

普段の生活から、読み聞かせを取り入れましょう。読み聞かせは低学年の子どもたちにと思いがちですが、高学年の子どもたちも、とても喜ぶものです。高学年になったら少し長い作品を少しずつ読み聞かせるのも良いでしょう。

(2)読書タイムをとる

なかなか時間がとれないのですが、1日5分でも、みんなで読書する時間をとれたら良いですね。みんなで集中して読書する経験をさせたいものです。

(3)読書記録をつける

友達が読んでいる本は、読んでみたくなるものです。それぞれの読書記録を教室に掲示することで、日々の読書につなげましょう。

(4)教師も読書を

子どもたちが今、どんな本を読んでいるのか、教師もアンテナをはっておきましょう。また、教師自身も読書に親しみ、本が

好きであることが大切です。教師が読んだ本の感想を子どもたちに話すと、興味をもって聞いてくれるので、そんな時間もとれたらよいでしょう。

（出口　尚子）

4 ブッククラブを取り入れた読み聞かせ

ポイント

言葉を大切にする子にするために、多読が効果的です。言葉の力も高まります

一度の読み聞かせだけではもったいない。読み聞かせから国語の学習につなげたいという思いをもっている方は少なくないでしょう。特に、教科書教材の読み取りのために絵本を使って読み聞かせをすることも多いため、読み聞かせから「読み取り」へつながる方法はこれからの教育に大きく役立つでしょう。それが、ブッククラブという手法です。

1 読み聞かせのとき

読み聞かせを始める前に、絵本の中からいくつか質問をすることを伝えておきます。そうすることで、言葉を大切に聞こうとする態度が育ちます。

絵本を読み進めたら、すべて読み終わるまでにいくつかの質問をしてみましょう。

はじめの数ページのところで、

「登場人物はだれだったかな？」

「季節はいつ？」

と聞きます。登場人物がたくさん出てくるようであれば、

「どんな順番に出てきた？」

と聞いてもいいですね。物語を注意深く聞き、正確に把握することができます。

2　読み聞かせの後

絵本のジャンルにもよりますが、続きを考えさせることができる絵本はブッククラブにも、話し合いにも向いています。考えさせたいところで、読み聞かせを止めて続きを考える活動をします。絵本によっては、続きが書いていない場合もあるので、物語の流れの中で自由に考えるようにします。

このとき、登場人物の関係や物語の設定などが必要になるため、「登場人物マップ」や「話の流れ」を書いたものを用意してもいいでしょう。

3　国語の力との関連

低学年では、「登場人物」「設定」「できごと」を把握する力が求められます。数編の教科書教材だけから学ぶのではなく、絵本の読み聞かせの良さは短い時間で完結し、多読ができるということです。高学年には、「主題」（作品のテーマ）を問うような質問をして言葉を味わう子にしていきましょう。

言葉の力を高めるために多読は効果的です。良質な言葉と出会うことで子どもたちに力を付けていきましょう。

（流田　賢一）

5 読書カードいろいろ

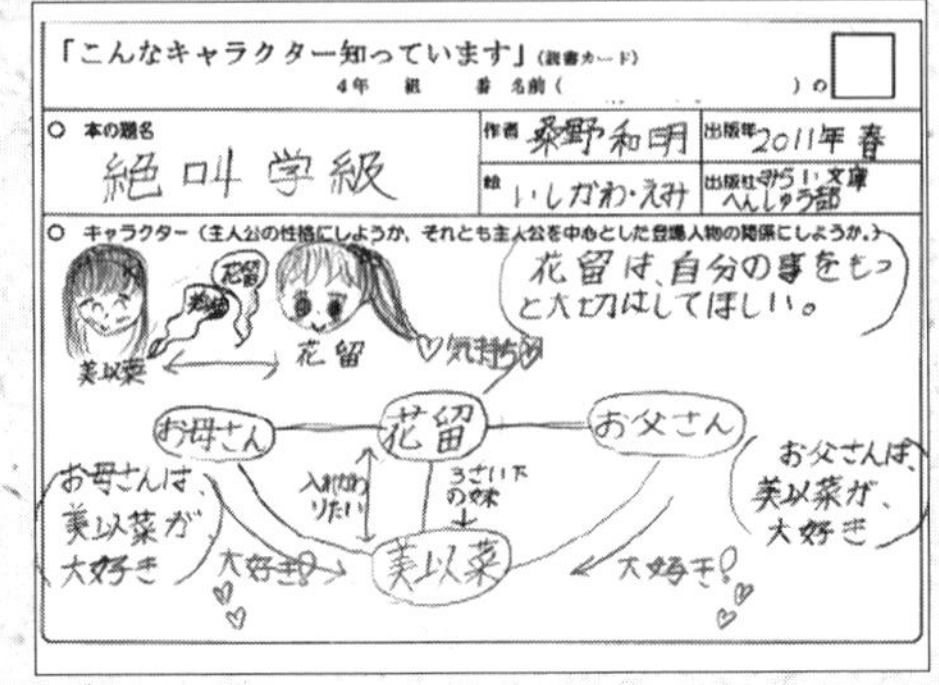

「こんなキャラクター知っています」（読書カード）

4年　組　番　名前（　　　　）の

○ 本の題名　絶叫学級

作者　桑野和明

出版年　2011年春

絵　いしかわ・えみ

出版社　みらい文庫へんしゅう部

○ キャラクター（主人公の性格にしようか、それとも主人公を中心とした登場人物の関係にしようか。）

ポイント

自分の読書記録が友達のために生かせたという有用感を大切にしたい

読書カードも目的や意図によって様式を変えたいものです。

1　子どもの読書意欲に重点を

まずは、自分のがんばりが一目でわかる読書カードがあります。冊数やページ数が一目でわかる読書カードです。「読んだ日付」「本の題名」「ページ数・冊数」などを記録する様式です。どんどん本に触れる機会を与えたいときにぴったりです。

2　読んだ本の記録に重点を

百科事典や図鑑、説明的文章を使った調べる活動を意図した読書カードです。テーマに沿ってどんな本を使って調べたかがよくわかります。「調べた日」「調べた本の題名、筆者、出版社、出版年」「書いてあったこと（ページ）」などを記録する様式です。目次や索引、後付けを生かすよさについても子どもたちと確認したいものです。

3　本の紹介に重点を

中学年くらいになると自分で選んで読んだ本の面白さを交流する楽しさをどんどん味わわせてあげたいものです。そこで、読みの観点に注目した読書カードを紹介します。

(1)「本のあらすじ紹介します」

あらすじにすべてを書かないようにして、見た人が読みたいと思わせる工夫もあります。

(2)「こんなキャラクター知っています」

また、「こんなテーマで3冊紹介」「○○シリーズの面白さ」などの読書カードも子どもたちのリクエストを生かしながら作っていきます。

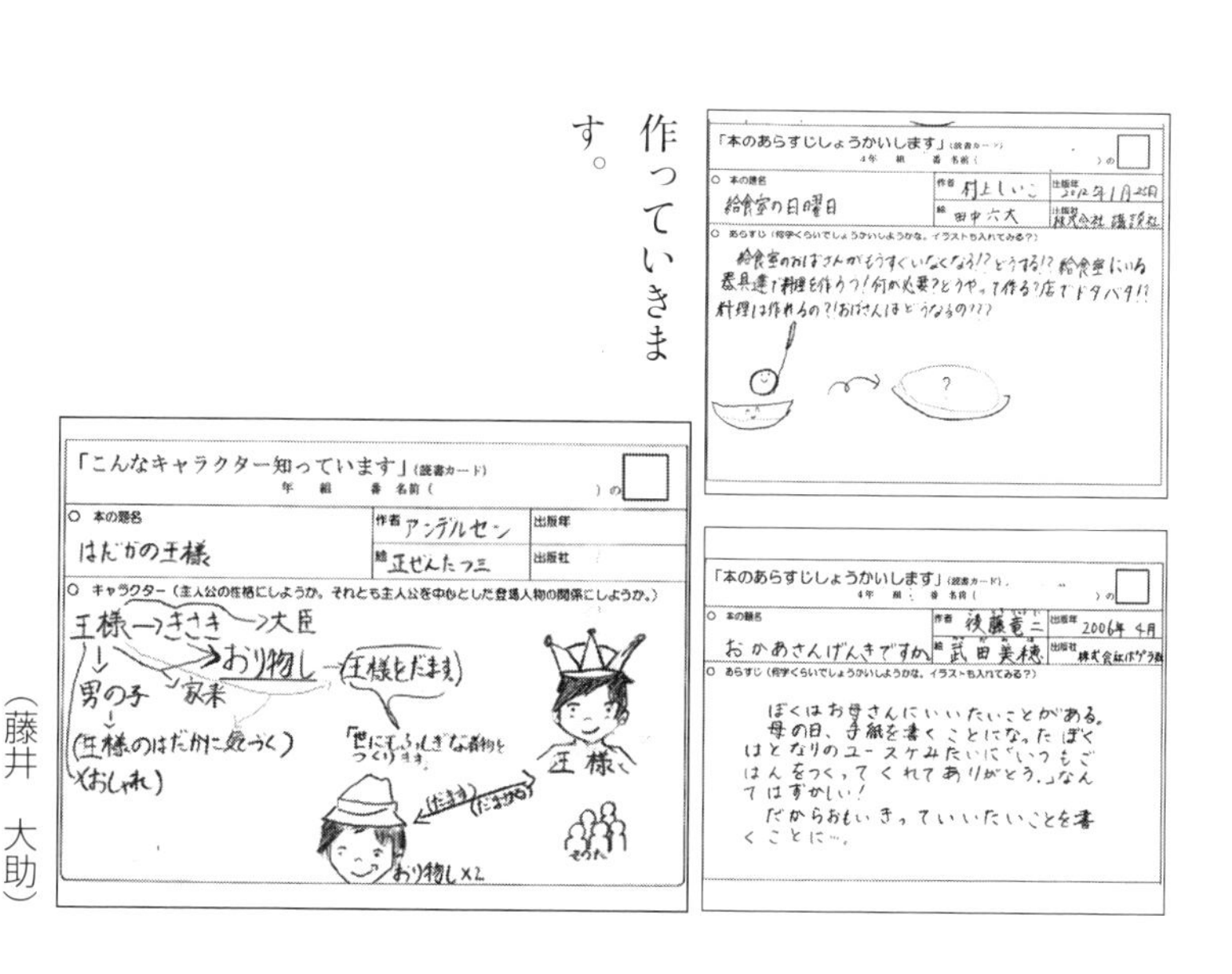

（藤井　大助）

6 読書感想文の指導は日々の授業で

読書感想文の構成	「ごんぎつね」の指導
①心に残った場面について書く。 →	「ごんの心情の変化」を読む クライマックス場面＝心に残った場面
②作品と自分を重ねて、自分の体験などを示しながら書く。 →	「思いがすれ違う切なさ」を抽象化してとらえさせる。
③まとめの感想を書く →	教材を読んで学んだこと。

ポイント

「読書感想文」を書くための単元を組もう

1 感想をもつことは、読むことの本質

1人の大人として、心に残った小説や映画を思い出してみてください。何か胸にジーンとくるような感動があったはずです。そして考えてみると、その感動は、作品と自分の価値観や生活経験とが結び付いて生まれたものではなかったでしょうか？

「作品と自分を重ね、個人的な感想をもつ」これは、読書の大きな目的の一つと言えます。ですから、「読書感想文」を書くことは、読むことの本質に迫る課題であり、日々の国語授業で、当り前のように指導していくものだと言えます。決して、子どもに丸投げするものではありません。

2 読書感想文では、何を書くのか

感想をもつことが、読書の本質とは言っても、ただ「感じたことを書けばいいよ。」と言われても、子どもは、何を書けばいいのか、戸惑ってしまうのも無理はありません。作文を得意としない普通の子にとっては、かなり高度な課題なのです（コンクールをめざすようなものを要求する必要はないと考えます）。

まずは、日々の授業で、みんなで学んだ共通の教材文について書くようにするとよいでしょう。

その際、何を書くとよいのかを示します。

①心に残った場面について思ったことを書く。
②自分だったらどうするか、もしくは登場人物と似ている自分の体験について書く
③まとめの感想を書く

①は、その単元での指導事項によって変わります。例えば次のように考えられます。

低学年…「心に残った場面について」
中学年…「あらすじ」「中心人物の気持ちの変化について」
高学年…「主題にかかわって考えたこと」「大切なことを象徴する言葉について考えたこと」

単元末の感想文だけが、独立しているのではありません。それまでの指導は、感想文を書くために必要なのです。例えば、

「ごんぎつね」の感想を書こうとするときに、「ごんが村人にいたずらをする場面が心に残りました。」では、作品の本質をとらえていないことになります。「ごんの兵十への一途な思い」「最後に兵十にわかってもらえた思い」など作品の本質に迫る内容を書かせたいところです。だから、授業で「ごんの心情の変化」を扱うわけです。

②では、「自分のこと」について書いていきます。読書は、読み手が主体の行為です。他の誰でもない私自身が、そう感じたのだと示すためには、作品と自分を重ねて、自分の固有の体験を表すことが効果的です。

ただし、「似ている体験なんてない」という子もいます。例えば、「ごんぎつね」で、「撃たれたことなんてない」と。ですから、授業で「思いがすれ違う切なさ」と抽象化してとらえさせることが大切になります。「思いが伝わらなかった経験」であれば、考えれば思い出せそうです。

固有の体験を書くことで、一人一人の感想文が、その子だけにしか書けないものとなり、互いに感想文を読み合う交流も、楽しいものとなります。

③は、感想文のまとめです。学年が高くなれば、①と②と③で主張していることが、一貫していることも求めていきます。

このように見ていくと、読書感想文を書くことが、共通の教材文を扱った授業と一体となっていなければ、なかなか難しいということもおわかりかと思います。共通の教材文で学習した後であれば、同一著者のその他の作品を自分で選び、感想文を書くという学習も無理なく行えるでしょう。

3　完成例を見せる

感想文指導に限らない例ですが、ゴールの具体的なイメージをもたせることで、子どもは書きやすくなります。

ただし、子どもと同じ作品の感想文を示すと、内容の影響を与えすぎてしまいます。これまでに学習した作品の感想文を手本として示すのがよいと思われます。

ゴールの例を示します。

> 私がスイミーを読んで心に残ったのは、仲間の魚たちに「出てこいよ。」と言ったところです。なぜなら、もし、失敗したら、みんな食べられてしまうからです。
> スイミーはすごい勇気があると思います。私だったら、そこまではできません。
> 前に、廊下に並ぶのを早くした方がいいと思ったのに、みんなに声をかけることができませんでした。
> わたしもスイミーのような勇気をもてるようになりたいです。

（山本　真司）

7 読書に目的をもたせる方法

ポイント

観点を意識して読む力を育てたい

読んだ本がおもしろければ誰かに紹介したいと思うのは自然なことです。読書の楽しみ方は、様々ですが、ときには、「紹介するために読む」という活動もいいのではないでしょうか。

◎ブラインド　ブック　デート

紹介したい本を選びます。その本は、表紙などが見えないように包装紙で包んだり、封筒に入れたりします。次に、本に関係のあることを短く観点を決めてカードに書きます。読みたい本を選ぶ人は、カードに書かれたことを参考にしてデートする本を選ぶという活動です。私の学級の子どもたちは、この一連の活動を玉手箱デートとも読んでいます。中身が見えないところにもわくわく感がわくようです。

紹介するために観点を意識しながら本を読む人、カードに書かれたことを手がかりに本を選ぶ人、双方に楽しめる活動です。

ちなみに、ここで中学年の子どもたちと共有した、読みの観点の一部を紹介します。

○いつ
○登場人物（性格も）
○作者・筆者
○あらすじ
○この作者の他の作品
○お気に入りのところや言葉
○本が語りかけてきたこと
○登場人物の関係
○物語のジャンルや説明的文章の構成
○もし自分が作者だったら　など

このような観点を意識しながらカードを作ることで、子どもたちの本を選ぶ見方・考え方（観点）が豊かになっていきます。

さらに、「～シリーズ」というブラインドブックデートを設定することで、わくわくしながら同じシリーズの本を選んで読むという機会を与えることができます。

○作者シリーズ
○出版年シリーズ
○キャラクターシリーズ
○ファンタジーシリーズ
○本が語りかけてきたことシリーズ

（藤井　大助）

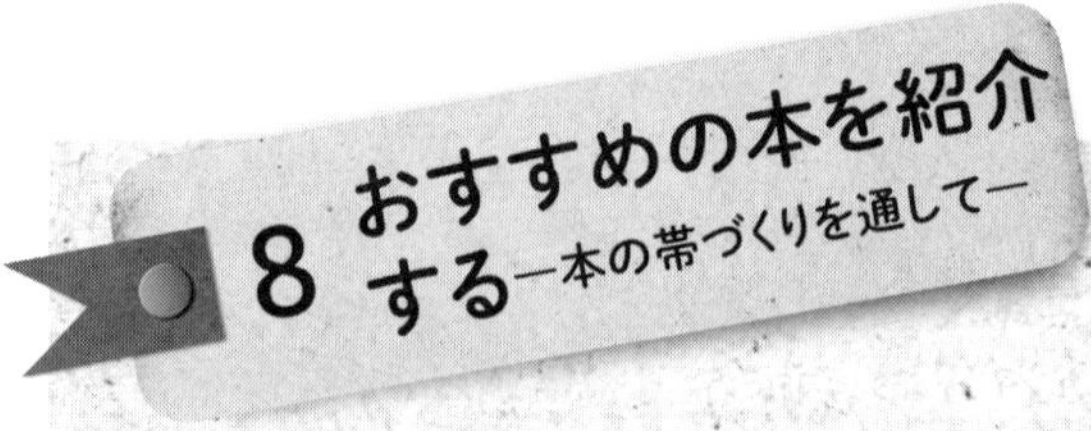

8 おすすめの本を紹介する―本の帯づくりを通して―

物語が最も強く語りかけてきたこと　心に残っている場面と文

どんな人におすすめか

ポイント

子どもの意欲を大切にしながら、帯に何を書かせるかを吟味する

いろいろな本に親しみ読書の幅を広げるためにも、友達同士でおすすめの本を「帯」で紹介し合う活動をおすすめします。

1　本の帯を作って紹介し合おう

ゴールのイメージを明確にするためにも、まずは実物を用意して子どもたちに見せるとよいでしょう。帯を見せながら、「何のために帯はあるのかな。」「何が書かれているだろう。」と目的や内容を考えさせます。

目的…読者の興味を惹き付け、読んでみたいと思わせる。
内容…登場人物の紹介やあらすじ、キャッチフレーズ、推薦者のコメント、印象的な本文の抜き書き、作者のメッセージ　など帯に何を書かせるかポイントです。自由に作らせてもよいのですが、国語の学習と関連させて作るとより効果的です。学年ごとに次のような内容が考えられます。

低学年…お気に入りの場面の絵、大好きな登場人物の言葉
中学年…続きが読んでみたくなるあらすじ、登場人物の紹介
高学年…物語が自分に最も強く語りかけてきたこと・関心を引くキャッチコピー

学級の実態に合わせ、共通で書く内容を絞り、後は自由に書かせるのもよいでしょう。

2　本の帯作りの実際

写真は、物語文で「物語が最も強く語りかけてきたこと」をとらえる学習をした後、実際に6年生が作成した本の帯です。

3　おわりに

本の帯づくりは、子どもが様々な本に親しむきっかけになります。それだけではなく、帯を作ることで、本を読み返し、その本の魅力は何か、どう表現すれば伝わるかを考えることにもなります。

（平野　俊郎）

9 調べ方の基本

ポイント

目的は身近なものを。まずは調べる活動を楽しもう

調べ学習などで、課題にそって何かを調べてまとめる、という活動は国語に限らず行われる学習活動です。子どもたちが何かを調べる方法は大きく二つあると考えます。

○本などで調べる
○人に聞いて（質問して）調べる

では、それぞれどのような方法があるでしょうか。

1　本などで調べる

本を使って調べる学習の代表は、中学年から本格的に始まる国語辞典、漢字辞典の使い方の学習です。そして、国語辞典、漢字辞典の使い方の学習を生かして、さらに、大切にしたいのが、百科事典の使い方です。

百科事典には、たくさんの種類の出来事や仕組みなどが書いてあります。また、自分が知りたいことの基本的なことが短くわかりやすく図や挿絵などを使って説明されています。

百科事典は、何冊かの本に分かれ、国語辞典のように五十音順に並べられているので、簡単に特徴を紹介しておくだけで、子どもたちが目的をはっきりさせながら活用できます。

さらに、本の奥付を確認し、調べた本の情報を記録しておいたり、必要な部分を引用したりする学習も意識できそうです。

知りたいことの基本的なことがわかったら、くわしく調べる方法も指導しておきたいものです。例えば、「チョコレート」を百科事典で調べたとします。おそらく子どもたちは、「カカオ豆」「お菓子」「どんな植物」など、関連する言葉をイメージしたり新たな課題をもったりすると考えます。

そこで、題名で本を選んだり、目次や索引を使って知りたいことが書いてあるページを探したりしながら読むという方法を指導します。

2　人に聞いて調べる

知りたいことについて、インタビューやアンケートなどを通して調べる方法もあります。人に聞いて調べる活動は、学級活動や当番・係活動という子どもたちにとって身近な文脈の中から体験的に指導することで、子どもたちは、目的や意図に合った取組ができるようになります。

（藤井　大助）

10 「遊び」から身に付けさせる図書館利用指導

ポイント

いきなり調べ学習ではつまらない！子どもたちのもつ興味・好奇心をくすぐる仕掛けを!!

①マスクメロンのマスクって、どういう意味ですか?
②サザエさんって何歳?
③組体操はどんな人と組むとやりやすいでしょう?
④桃太郎と同じような物語が外国にもあります。それはどこ?
⑤置きゴタツと掘りゴタツ、どっちが先にできた?
⑥将棋はどの国からはじまった?
⑦（超難問）人間とは何か?

図書館に入って、いきなり子どもたちにこのクイズを出します（ちなみに私は100問用意しています）。このクイズの答えは図書館にあります。しかも、あるコーナーに…

「わかった！百科事典！」

　それから百科事典に興味をもち、しばらくずっとページを繰りに図書館に通う子が何人かいました。クラスでわからない言葉があると、すぐに調べてくれるのも彼ら。何気ないクイズから、調べ物の達人の素地は作れるのだと考えます。

「調べ学習」があるから、「いついつまでにまとめをしなければならないから」という現実的なゴールが目の前に迫っている状況ではじめて図書館に行って百科事典を使わせると、子どもたちの調べたい気持ちは冷めてしまっています。普段の何気ないときにこんなクイズをするからこそ！子どもたちは百科事典の良さ・面白さに気付き、今後利用していくのだと考えます。

　図書館・図書室の利用指導は地域によって差があると思いますが、でも、子どもたちが将来図書館を「使える・頼りになる」と思えるかどうかは私たちの指導にかかっています。図書館は知識がいっぱい、アイデア・可能性がいっぱいの場所であることを、「遊び」をもって伝えたいものです。

　次ページに示したのは、子どもたちに実施したアンケートの一部です。どんなことに疑問をもっているのか、またどんなことに興味があるのかを学年ごとに調べてみたのですが、ここからたくさんの可能性が見えてきませんか？

　私はタイトルは消してこのプリントを渡しました。

「これは我が○○小学校のみんなが疑問に思っていることです。みんな面白い疑問をもっているよね。」

図書館にどんな「調べもの」の本を買おうかな、と悩んでいます。小学生のみなさん、今どんなことを「不思議だなぁ。どうしてかなぁ。調べてみたいなぁ。」と思っていますか？

3年

なぜ虹はきれいな色をしているのか　なぜ地面から芽が出て花が咲くのか　さとうはどうしてあまいのか　塩はどうしてしょっぱいか　どうやって鉄ができるのか　なんでいろいろこわれるのか　どうやって電化製品ができたのか　ブラックホールにどれだけ離れていたら吸い込まれないか　ホワイトホールはあるのか　昔の学校と今の学校の違いはどこだろう　宇宙はどこまで続いているのか、本当に広がり続けているのか　宇宙人はいるのかな　海の生物　ポケモンはどうやってできたか　クレオパトラはどんな人か　サンタさんはいるのか　最初に生まれたものは何なのか　雷はどうして落ちるかな

4年

5年　（4・5年は省略）

6年

プラスチックはなぜできたのか　歴史人物　宇宙のこと　町のこと　いろんな国旗について　国内外の歴史　ホスピタルクラウンやテントサーカス　銃のしくみ　宇宙人・UFOはいるのかいないのか　日本の政治のつくり　マヤのカレンダー　ヒートショック　犬の飼い方　部屋の片付け方　機械の中　冤罪について　三国志　野球　海水温上昇について　鉄砲はどんな原理で弾が撃てるか　古代エジプト　囲碁　ハーブの力　算数の単位の由来　剣道　料理の作り方　銀河の生まれ方　未来の地球タンブリングの練習　国家がどう成り立っているのか　野球の美しいフォーム　無回転フリーキック　職業や仕事について　世界の文化　算数・数学のこと　世界の中の日本の状況　（職業）のなり方　気体の使われ方　光　環境のこと　はたらく子ども　歴史の裏話　天気　空はどうして青いのか　名前につける字のいろいろな読み方と意味　文をうまくまとめるコツ　英語　チアリーディング　爬虫類の解剖図　どうやってお札に載っている人を決めるのか　どうして本が多いのか　日食の起こり方　体のしくみ　液体窒素のけむり　今の国際社会について　都市伝説　怪奇現象　身近なもので発生させる気体について　犬がなぜシートをびりびりにするのか　哲学や子どもでもわかる心理学　鏡はなぜ反射するか　色鉛筆の芯のつくりかた　山はどうして矢印の形をしているのか　病気　絵を見ていると立体に見えることがあるのはなぜか　日用品のつくられかた　経済　なぜ生きるのか　地震　なぜ録音機に音が残ってゲームにデータが残るのか　死後の世界　古事記や日本書紀　物理について　地層　どうしたら野球がうまくなるか　ものの名前とか知らないものがあるから、それがわかるような本がほしい　最近○○のひみつシリーズにはまっているので、○○のひみつシリーズを増やしてほしい。

子どもたちは「そうそう」と興味深く見入っています。

「もう一枚、同じプリントを配ります。」

ただそれぞれの項目の後ろに1桁の数字をつけたものです。回文の後ろには8、ブラックホールの後ろには4と。

「この数字はNDCのはじめの数字。みんなが疑問に思っていることは、まずこの分類の棚を探してみれば、見つかるかもしれない。」

　子どもたちはニヤニヤして自分の興味のある棚へ足を進めることができました。

　一度面白さがわかったならば、子どもたちは私たちが期待する以上に図書館を有効に使うことでしょう。子どもの好奇心をくすぐる仕掛けを設定することです。


（灘本　裕子）

1 朝の会・帰りの会の目的と内容

ポイント

決まったプログラムを繰り返すことで自治の力、話す力、聞く力を高めよう

次の①〜⑩は、私がこれまでに担任した学級の一場面です。このように学習規律が整っていない学級、安心して自分を表現できない学級では、いくら優れた指導案を実践しても、子どもたちが主体的に学ぶ授業にはなりません。

①忘れ物が絶えない。
②平気で席を立つ。
③教室にゴミが落ちていても拾わない。
④注意しても、笑ってごまかす。
⑤話し手を見ずに、しゃべっている。
⑥給食の準備に時間がかかる。
⑦平気で人の悪口を言う。
⑧さわいでいる子に言葉をかけない。
⑨間違いを指摘できない。
⑩楽しいときに盛り上がれない。

学級担任は、4月から、意図的・計画的に、学級を組織していかなければ、自然に学び合える学級はできません。

では、めざすべき学級は、どんなクラスなのでしょうか。先ほどの場面の反対を考えて見ましょう。

①ほとんど忘れ物がない！
②落ち着いて席に座っている！
③教室にゴミが落ちていたら拾う！
④注意したら、聞き入れる！
⑤話し手を大切にしている！
⑥給食の準備をすばやく終える！
⑦誰もが「ありがとう」と言う！
⑧さわいでいる子に言葉をかける。
⑨仲間の間違いを指摘できる！
⑩楽しいときはみんなで盛り上がる！

こんな学級なら、教師の発問に対して真剣に考え、安心して仲間と対話し、自分の考えを発表することができるでしょう。

学級を一つのチームとしてとらえ、その指導法を追究する赤坂真二先生は、学級づくりの最終段階を自治的集団期と呼んで、「学級のルールが定着し、自分たちの問題は自分たちで解決できるようになる」ことだと述べます。先生に言われるからそうしているのではなく、子ども自身がその状態を心地よいと感じ、自らの判断で行動できるようになることをめざすのです。

この学級づくりの一環としての「朝の会・帰りの会」ととらえてみましょう。

そうすると、「朝の会・帰りの会」の目的は自分たちで進める力を育てることとなります。この力が育てば、例えば、学級担任がいなくても、自分たちで朝の会や帰りの会を進め、先生が来るまで落ち着いて待っていることができるようになります。

ところで、「朝の会・帰りの会」は、家庭生活と学校生活の気持ちを入れ替えるという機能もあります。気持ちをセットして気持ち良く学校生活をスタートさせる、その切り替えを朝の会で行うと考えます。

同じように、帰りの会で学校生活から家庭生活に戻る際は、学校での活動、仲間との触れ合いが自分にとって良いものであったと自覚できる活動を取り入れていきます。

最後に国語とのかかわりで考えてみましょう。年間200回に及ぶ20分間の活動は、計画的に実施すれば、話す力や聞く力を着実に伸ばすことができます。私は、朝の会ではまずはっきりとした声を出せるようになることをめざします。そのために学級のスローガンを全員で元気よく言っています。日直は進行会の進行は日直が行います。日直は進行の言葉が書いてある紙を見て会を進めていきますが、慣れると、紙を見なくても進行できるようになります。はっきりとした声でリズムよく進めるように指導しましょう。

帰りの会では、お互いを褒め合う活動を取り入れる学級が多くあるようです。私は1日を振り返るペア対話を行っています。帰りの会は、時間が長引くと子どもたちの意欲が低下するので注意しましょう。

（谷内　卓生）

【朝の会のプログラム例】

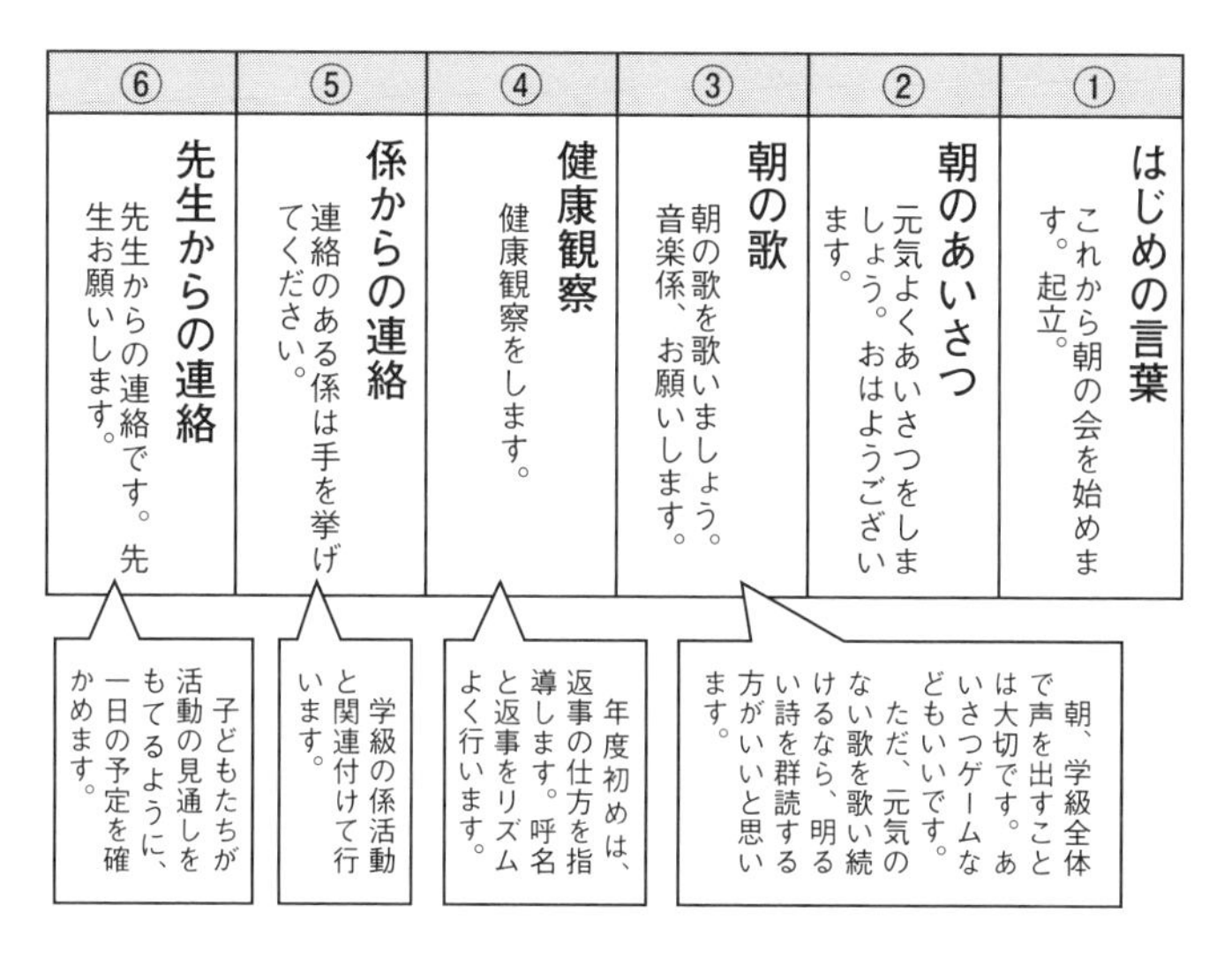

【帰りの会のプログラム例】

①	②	③	④	⑤
はじめの言葉 これから帰りの会を始めます。	**ペア対話** ペア対話をします。テーマは〇〇です。1分間の対話が止まらないように、言葉のキャッチボールを続けましょう。用意スタート。	**係からの連絡** 連絡のある係は手を挙げてください。	**先生からの連絡** 先生からの連絡です。先生お願いします。	**帰りのあいさつ** 明日も元気よく登校しましょう。さようなら。

学級の係活動と関連付けて行います。

翌日の時間割や宿題を確かめます。
配布物が多い時は、連絡帳の記入を給食後や昼休みに行うこともあります。

子どもとの触れ合いが少ないときは、あえて一人一人と挨拶してハイタッチすることもあります。

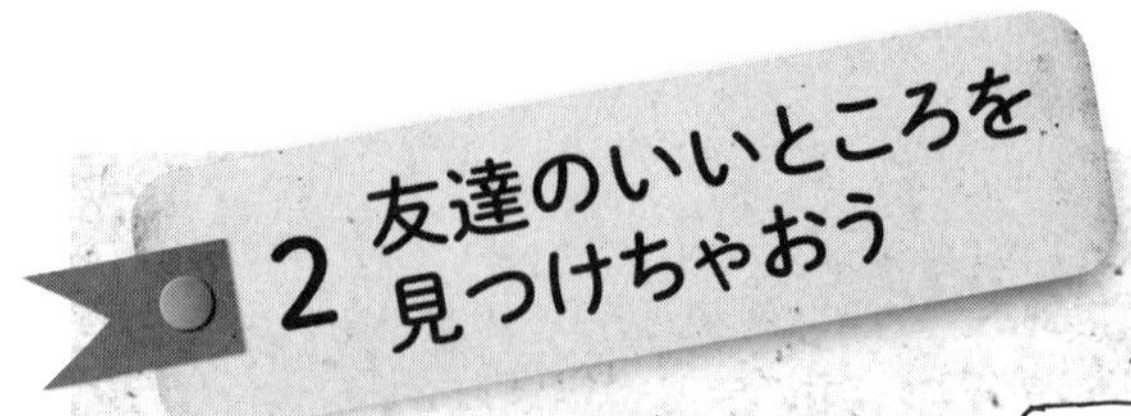

2 友達のいいところを見つけちゃおう

ポイント

子どもたち同士の声の掛け合いをしくんでみよう

私の学級では、朝の会・帰りの会は子どもたちの輪番制によって進めています。新学期は、男女一名ずつ出席番号順で日直をします。

1　朝の会、声を掛け合うことから

朝の会で健康観察だけを行っているのではおもしろくないですよね。子どもたちがいかに声を掛け合えるかが勝負ではないでしょうか。

となりの人の体調を確認しましょう

この言葉を日直が言った後の子どもたちのかかわりをよーく見ておいてすかさず褒めるようにします。「あなたは相手の健康を、目を見て確認したね。」「笑顔で確認し合っているね。ますます元気になるんじゃない。」など声を掛け合うことを当たり前にしていくことで、子どもたちはよりよい姿に気付いていきます。教師はその姿を見逃さず、事実を褒めたり励ましたりするのです。

2　係からのお知らせ

朝の会にも帰りの会にも「係・当番からのお知らせ」を入れています。特に係活動を大切にすることで、子どもたちのがんばりをみんなで認め合う機会が増えてきます。下の写真は、本学級の背面黒板です。ほぼ毎日更新されています。ここに書かれたことの中から必要に応じて紹介されます。

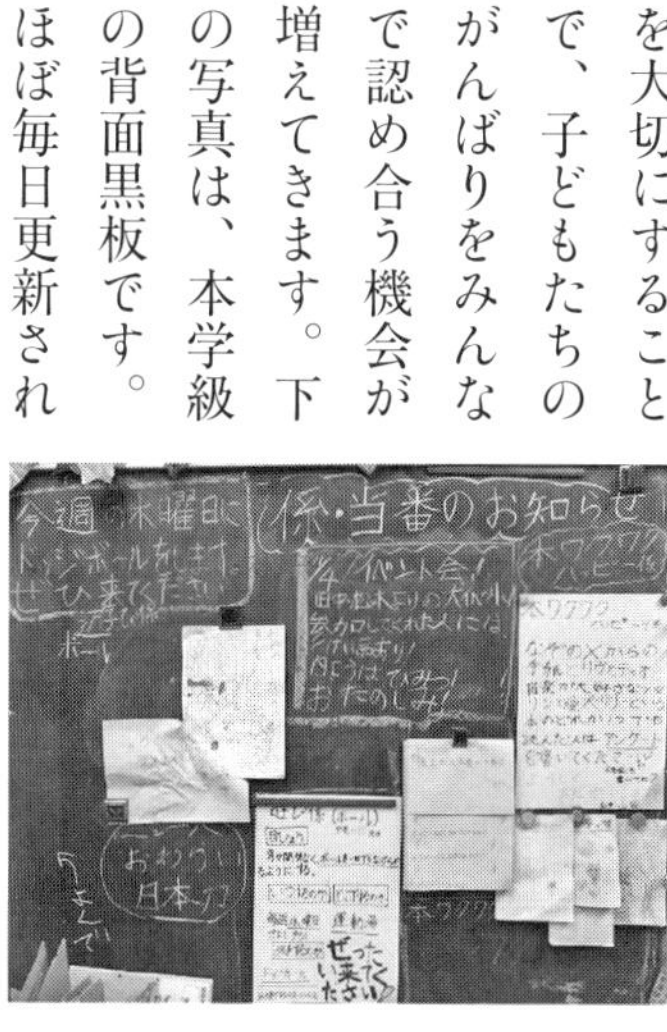

3　帰りの会

> 友達の「自分もよくてみんなもいい」姿を発表しましょう。

帰りの会、日直の第一声は、この言葉で始まります。「○○さんの係の作るお話は、キャラクターがおもしろくて続きが読みたくなりました」「遊び係の男女仲良く遊べる遊びの紹介が良かったです。」「●●さんが私の考えにつないでくれたのがうれしかったです。」などお互いのがんばりに目を向け認め合って1日を終えられます。

（藤井　大助）

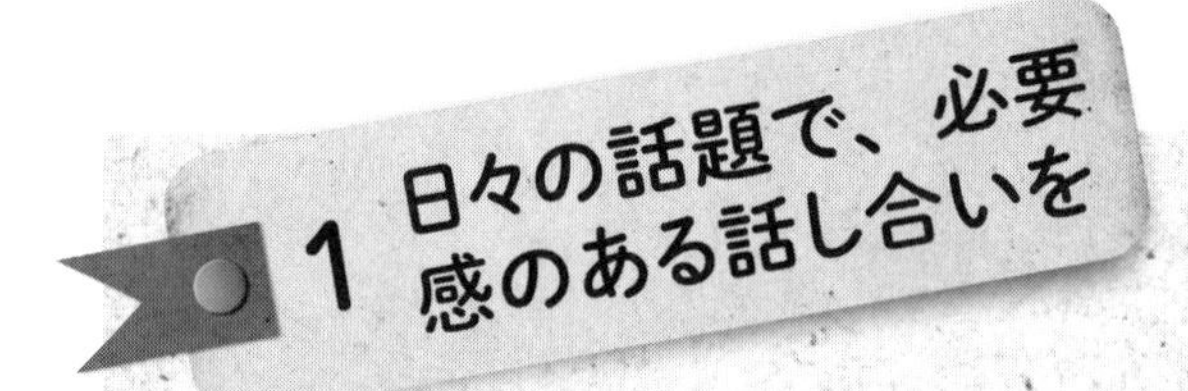

1 日々の話題で、必要感のある話し合いを

ポイント

「言葉の力」を信じて、子どもに「どうする？」と問い返そう

1 学級のルールを話題に話し合う力を

学校生活では、ルールが明確に決まっておらず、「先生どうするの？」ということがよくあります。例えば、次のようなことがあります。

- ・給食のおかわりをどうするのか？
- ・電気を消すのは誰がするのか？
- ・係ではなくても仕事をしてもいいか？
- ・誕生日のお祝いをしたいのだけど
- ・家から図鑑をもってきていいか？

このような場合、「○○ということにします。」と教師が決めることもあるでしょう。（もちろん学校としてのルールは確認して守らせます。）

　でも、子どもからルールを確認してきたときは、話し合う力をはぐくむ大チャンスでもあります。学級のルールがどうなるかは、子どもたちにとって切実な話題になるからです。教師が意図的に提示した話題とは違った「話し合う必要感」が生まれます。「学級会」と称して定期的に話し合う学級システムなどなくても、その機をみて、「どうする?」と子どもに投げ返してはいかがでしょうか。

事例　「教室で虫を飼っていいか?」

　子どもに聞かれて、これは話題として面白いと思うときは、何とか時間をつくります。例えば、2年生の学級で、こんなことがありました。

子A「先生、○○くんが、ダンゴムシを持ってきました。」
子B「先生、虫を飼ってもいいですよね。」
子C「でも、かわいそうじゃない?」
教師「学校には必要のないものを持ってこないルールになっているしな。」
子B「でも、勉強になるよ。」
教師「じゃあ、虫を飼ってもいいに賛成の人?」
子「は〜い」(多数の挙手)
教師「反対の人?」
子「はい」(少数だけど挙手)
教師「じゃあ、明日、話し合うことにしましょう。意見のある人は、ノートに書いてきて見せてね。」

　ノートに書いてくるように指示することで、虫を飼いたい活発な子たちが、ぎっしり意見を書いてきました。そんな子どもの切実な願いが、生きた言語活動になります。
そして翌日、話し合いました。

子A「虫を飼ってもいいと思います。ぼくたちの勉強になるから。」
子B「でも、虫はかわいそうじゃない？」
子C「勉強よりも、命の方が大事。」
子D「きちんとエサを与えれば、大丈夫。」
子E「図鑑とかで調べればいい。」
子F「でも、自分だったら、捕まえられたら家族と別れて嫌だと思う。」
子G「だったら、家族とかも一緒に飼えば、安心だよ。」
子H「いや、自然のままの方が幸せだよ。」
（白熱した議論が続く）

何とか理由をつけて虫を飼いたい賛成派とかわいそうだという反対派で、互いになかなか引かない議論が続きました。
教師としては、ただの感情的な言い合いで終わらないように、次のことを指導事項として、助言しました。

・人の考えを受け止めて、それに対する意見を言うこと
・質問をすること
・相手を説得するには、それまでに出ていない新しい理由を話すとよいこと

この話し合いの落とし所としては、「命を大切にして『最後は逃がす』などの条件付きで飼ってもいい」ということを想定していました。ですが、反対派の正論に、賛成派が解決策が出せず決着となりました。

その後も、「飼ってもいいじゃん。」と話してくる子もいましたが、自分の思いだけでなく、言葉で解決しようとすることが大切だと伝えました。

2 あらゆる生活の場面で、「言葉の力」を

「学級会」として、時間をしっかりとって話し合うことだけが、「言葉の力」を育むわけではありません。

けんかしたとき、教室にごみが落ちているとき、静かに教室移動をさせたいときなど、あらゆる場面で、「今どうなっている？」「どうする？」と問うようにします。すると子どもは、言葉を使って状況や解決策について話します。そのようなときに、きちんと物事を説明できる「言葉の力」が求められます。

日常生活のあらゆる場面が、「言葉の力」を育てる話題が生まれる場面でもあるのだと意識しておきたいものです。

（山本　真司）

2 みんなが楽しい学級会を

ポイント

学級会で、小学生のうちから楽しく意見交換できる練習を！

学級会は、それぞれの学年に合わせて話し合いを行うことが大切です。目的を教師側がしっかりともち、子どもたちに楽しく話し合うことを体感させていきたいものです。学級会の活動を通して人間関係をつくっていくことも重要です。話し合うことの体験は、他教科の学習に生かされることはまちがいありません。

1　学級会のとらえ

話し合うには、話し方を指導することが大切ですので、年度のはじめは話し方を教えていきましょう。

○低学年では

みんなでしたい遊びなどを決めることが、わかりやすい話し合いです。みんなで話し合って、みんなで決めることができるものがよいでしょう。教師が司会を行いながら、話し合いのルールを学んでいきましょう。

○中学年

このころから、司会は子どもたちに任せていきましょう。司会の仕方も指導します。自分たちでつくりあげる時間だという意識をもたせるために、机の配置をかえて、コの字型にしてみると、互いの顔が見えて、発言しやすい場づくりになります。

○高学年

中学年の話し合いの応用です。話し方、意見の言い方にも気を配り、質の高い話し合いをめざしていきましょう。

2　学級会の進め方

①司会の紹介
②今日の議題、議題提案の理由
③意見　→出た意見の賛成、反対
④数のしぼりこみ
⑤決定
⑥司会まとめ
⑦先生から一言

○約束ごと

・友達の話は最後まで聞く
・自分の考えを進んで発表する。
・友達の意見に何か話したいことがあるときは、必ず挙手してから話す。ひそひそ近くの人と話したりしない。

○話し方の指導

自分の考えと比べながら聞くことを教えていきましょう。また、賛成か反対なのかをはっきりさせて話したり、理由もつけて話せたりするようにします。

・○○さんの意見に賛成です。なぜなら…

・○○は同じだけれど、○○はちがう。
・○○さんに、つけたしです。
・○○さんの意見に反対です。

高学年では、反対意見の受け止め方にも注意します。自分と異なる意見に対して、すぐに「それはちがう」と言ってしまうことが多くなるので、反対意見でも一度受け止め、「○○さんは、○○と言いましたが、わたしは、○○だと思う」といった、攻撃するのではなく、冷静に反対意見を言える姿勢を大切に教えていきたい。これは、大人になっても大切な言い方だと感じています。

○教師の役割

話し合いのときは、途中で口を挟みたいのをぐっとがまんして、最後の先生の話のところで総括をし、最後には褒めて終わりにしたいものです。司会には、個別に良かったところ、反省点を伝え、次回に生かしていくようにします。

ときには、学級会ふりかえりカードを書かせ、意見の話し方が上手な友達を振り返ったり、自分の参加意識を考えてみたりすることがあってもよいでしょう。

普段の授業では、なかなか手を挙げない子どもでも、学級会では挙手ができる子どももいます。授業とはまたちがい、自由に自分の思いや考えを発表できるところに学級会のよさがあります。

「ベッドが良いか、布団がよいか」「おはしがよいか、フォークがよいか」などという意見交換ゲームなどもしていきたいものです。意見を言うことの躊躇をなくして、友達に自分の考えを話すことを楽しいと思える雰囲気のなかで、楽しい学級会を開いていきたいですね。

（出口　尚子）

3 子どもの時間と教師の時間

ポイント

残り５分が教師の出番。そこで何を話すかが大事

1　まずは子どもたちに任せてみよう

学級会という時間は、その名の通り、学級の会なのです。ここでの主役は子どもたちです。ですから最初の学級会の時間に、次のように伝えます。

> 学級会（学級活動）は、１週間の中で唯一、君たちのための時間だからね。

１週間の時間割のうち、他の教科等は教師がカリキュラムに従って授業を進めます。でも、学級活動の時間だけは、子どもたちの時間だということを意識させます。

学級会の時間くらいは、子どもたちに思い切って任せてみましょう。子どもたちの自主的で主体的な活動に任せてみるのです。

まずは、議題を一つ任せてみましょう。

「それじゃあ、どうぞ。君たちで話し合いたいことを話し合ってごらん。」

いきなり、こういわれると大抵の学級では困ってしまいます。「先生、何を話し合えばいいいんですか？」と。そんなときは、「学級会はみんなの会だからそれも決めていいいんだよ。」と返します。ここでも「え～！」と戸惑うでしょう。それもまた話し合いの必然性を高めるのに必要なことです。

2　話し合いの時間をたっぷり与える

そこで、ほとんどは次の議題になります。

次の学級活動の時間に、何をするか

この議題は盛り上がります。子どもが意見を言いたくなります。もちろん学級の実態に応じて教師が議題を出してもかまいません。その際は、子どもたちにとって話し合う価値のあるものがいいでしょう。後は話し合いを見守ります。ただし、

40分間は君たちにあげるよ。
ただし、最後の5分間は話をさせて。

とあらかじめ話しておきます。

学級会の中では、きっと多くの話し合いがなされるはずです。国語の授業で培った学びが生きて働いているかを注目しておくのです。そして、授業の最後にきちんと教師が今日の学級会の様子について評価してあげるのです。

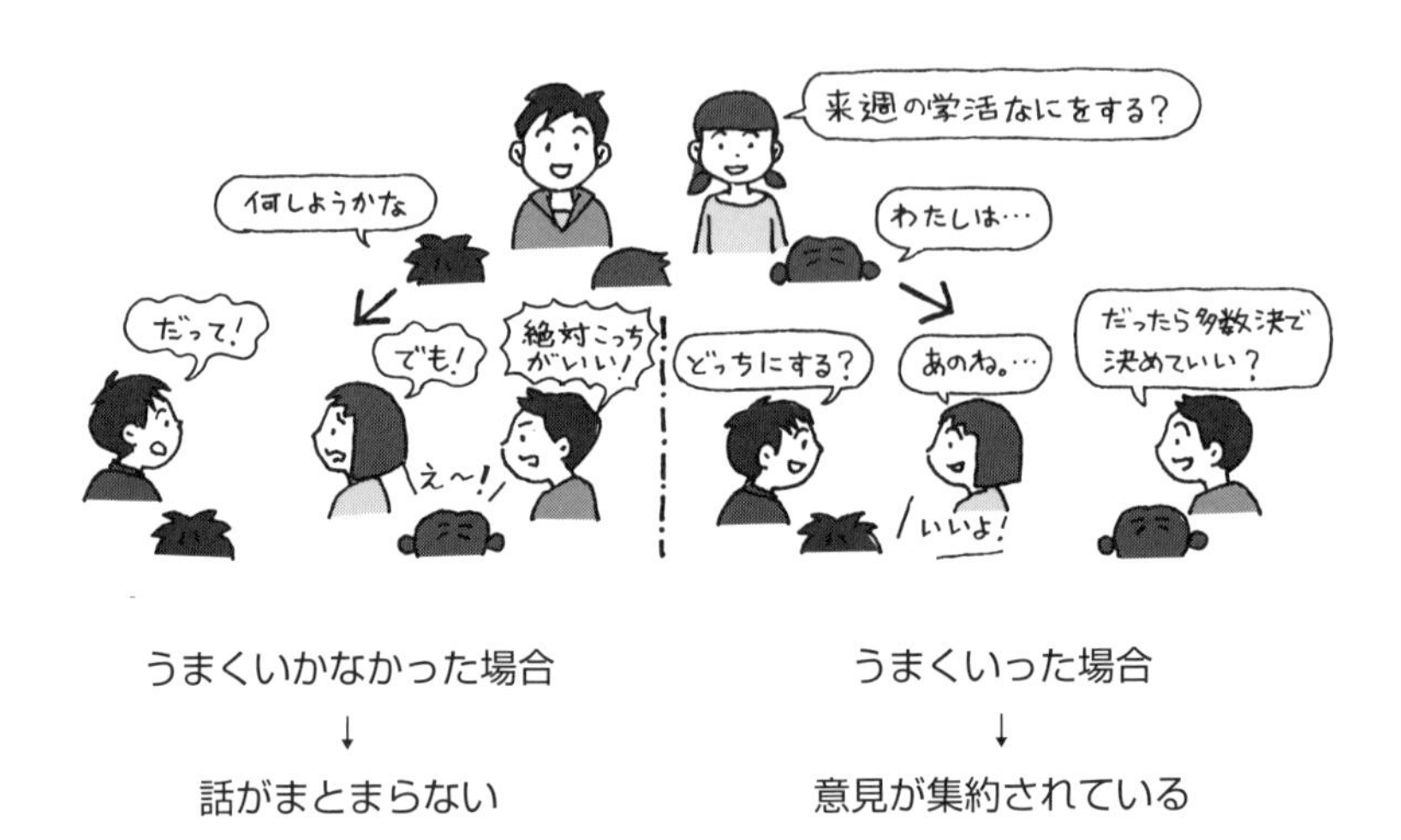

学級会は、「話す・聞く」を中心とした国語の学習が実際の生活で使えるかどうかが見える場です。その時間をたっぷりと子どもたちに与えてあげましょう。

3　最後の5分が教師の仕事

話し合いの決着がついていようがいまいが、時間になったら教師が話をします。

> 今日の学級会、うまくいったと思う人？

子どもに挙手をさせます。そこで、うまく話し合いが進んでいれば、なぜうまくいったのか、誰が良かったのか、そのことを認めて褒めてあげます。もしも、途中で困ったことがあったり、決着がつかなかったりしていたら、それはなぜなのか、どうすれば良かったのか、教師が解決方法を示してあげます。そして「次の時間はこのことを意識して話し合いをしようね。」と見通しをもたせてあげればいいのです。学級会で成功体験や失敗体験を繰り返すことで話し合いはより洗練されていくはずです。

4　これを伝える！具体的な評価言例

例えば、次のような視点をあらかじめもっておくと評価しやすいです。

(1)発言者

・大きな声で聞きやすかったよ。
・みんなの方をちゃんと見て話していたね。
・「だって」と理由を説明できていたね。
・「でも」と反対意見を上手に言っていたね。

(2)聞き手

・きちんと体を向けて聞いていたね。
・「うん」「なるほど」という相づちがったから話し合っている感じがしたよ。
・「えっ？」「どういうこと？」って聞き返すのも話し合いでは大切だね。

(3)司会者

・意見を言う人が偏らないようにバランスよく指名していたよ。
・みんなが静かになった時に、司会者も自分の意見をきちんと言えていたね。

（広山　隆行）

4 国語と学級活動の話し合いを同期させる

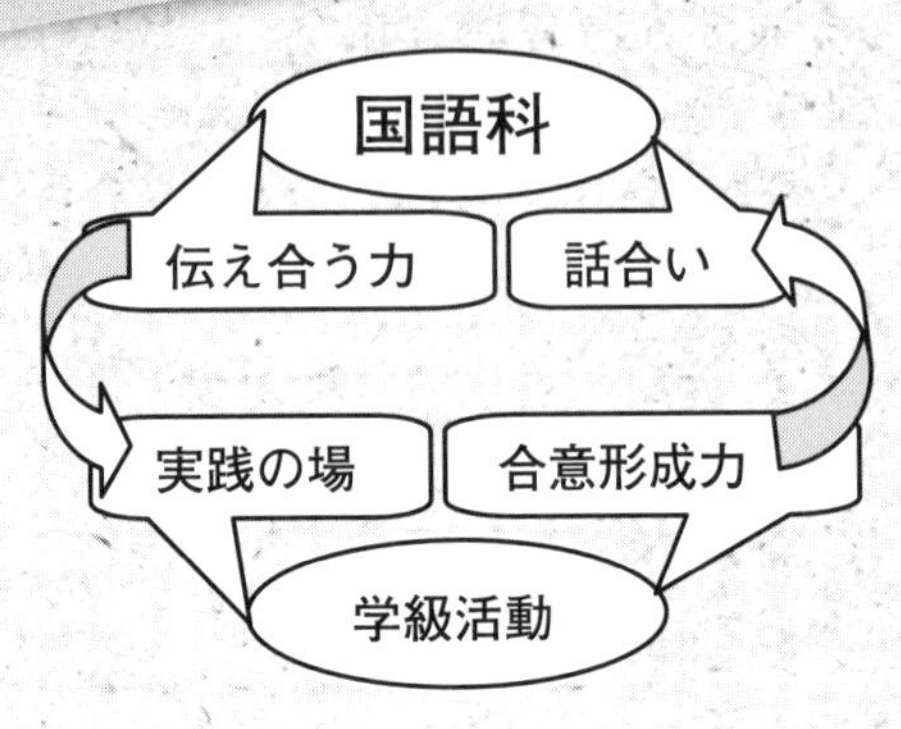

ポイント

同期の意識で話し合いはパワーアップします

教師になりたての頃に、先輩の先生方から、「学級活動と何か一つの教科を極めなさい」と指導を受けたことがあります。

これは、学級活動で子どもたちが身に付けた話し合う力を、教科の話し合いで生かせという意味があったのではないかと解釈しています。

あるいは、学級活動でクラスをつくること。つくられたクラスは、貪欲に学ぶ集団になるという意味もあったのかもしれません。

いずれにしても、たった年間35時間という少ない配分ですが、学級活動は学びの集団を作るうえでも、おろそかにできない大切な時間であるというメッセージが込められていたのだと思います。

1　国語と学級活動との関連

国語と学級活動との関連の必要性については、以前より言われてきたことです。『学習指導要領　特別活動編』には次のように明記されています。

「国語科の関連においては、例えば、国語科で身に付けた『話すこと・聞くこと』の能力が特別活動においてよりよい生活や人間関係を築いたり、集団としての意見をまとめたりするための話合い活動に実践的に働くことになる。」

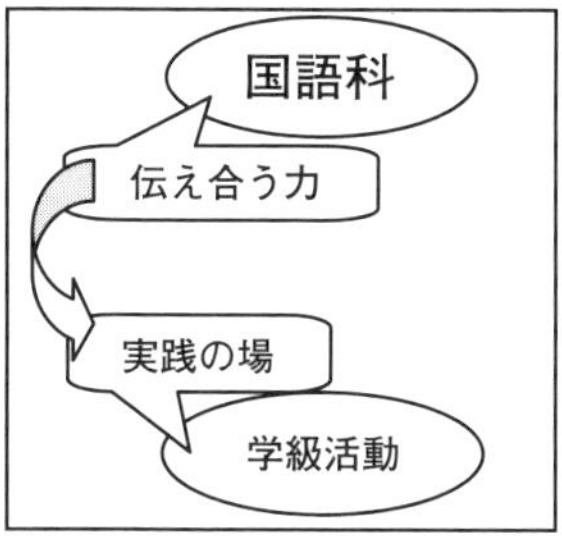

国語科
伝え合う力
実践の場
学級活動

このことを図にすると上の様になります。これだけを見ると国語科から学級活動へと一方向のベクトルが向かっているようにとらえられます。

しかし、教師と子どもたちの意識一つで、右頁図のように一方向を双方向にすることができます。そして、結果的に各教科に生かせる話し合いの力に広げることができるのです。

2　国語と学級活動の話し合いを同期させる

国語の「話すこと・聞くこと」を素地として、学級活動の実践の場で生かす方向だけではなく、学級活動の話し合いの考え方や方法を、国語の読みを深める話し合いに生かす方向を考えましょう。学級活動（1）は次の内容を特色として話合い活動を行います。

集団討論による集団目標の集団決定

いくつかの選択肢から、一つの解を話し合いによって導く課題

国語の授業の中でよくある、このような発問の際に同期が可能です。

3　具体的にはどうするの

(1) 低学年では…

話し合いの仕方を教えましょう。

国語においても学級活動においても、教師が授業の進行（司会）や板書（書記）を担当します。

・何について話合うのかを明確にします。
・初めのうちは、ペアやグループで意見や考えを出させます。

次第に、一人一人が考えを出し合い、みんなでまとめていく経験を積ませていきます。

(2) 中学年では…

話し合いを少しずつ任せてみましょう。

学級活動であれば、司会グループが話し合いを進められる段階であり、集団討論の楽しさや大切さをどんどん経験させる時期です。

国語の話し合いでは、合意の道筋が付けられる発問の場合に、学級活動と同様に司会グループに話し合いを任せてみましょう。

板書は教師が担当し、話し合いの内容に

ついて意図的に作成していきましょう。また、司会グループに途中でアドバイスをしたり、今考えることを確認したりするなどの補助をします。

⑶高学年では…

話し合いの同期を意識させましょう。

学級活動と同様に、国語の話し合いを任せる機会を増やしましょう。

司会は、誰に頼んでも「ハイッ」と前に進んで出てくることができる状態をめざしましょう。同じ意見ごとに集まり、少数意見から話をします。根拠をもとに反対意見を出し合ううちに、自分の意見が変わったら自由に移動をします。その際に、移動をした理由を全体の前で話します。というような、話し合いのきまりを作ります。

教師は、キーとなる意見を構造化して板書します。話し合いの深まり程度によっては、視点を与えていきます。

4　目的は違えども

国語と学級活動の話し合いとでは、「話し合い」の目的が異なります。

例えば、国語では、個々の考えの広がりや深まりのための手段となるのに対して、学級活動では、決定という目的のための手段になることなどです。また国語では、子ども同士のやりとりの中に、先生が意図的にかかわることで話し合いが深まる例があります。

そのような、互いの目的を違えない限り、国語と学級活動の話し合いは同期させることができます。

（大江　雅之）

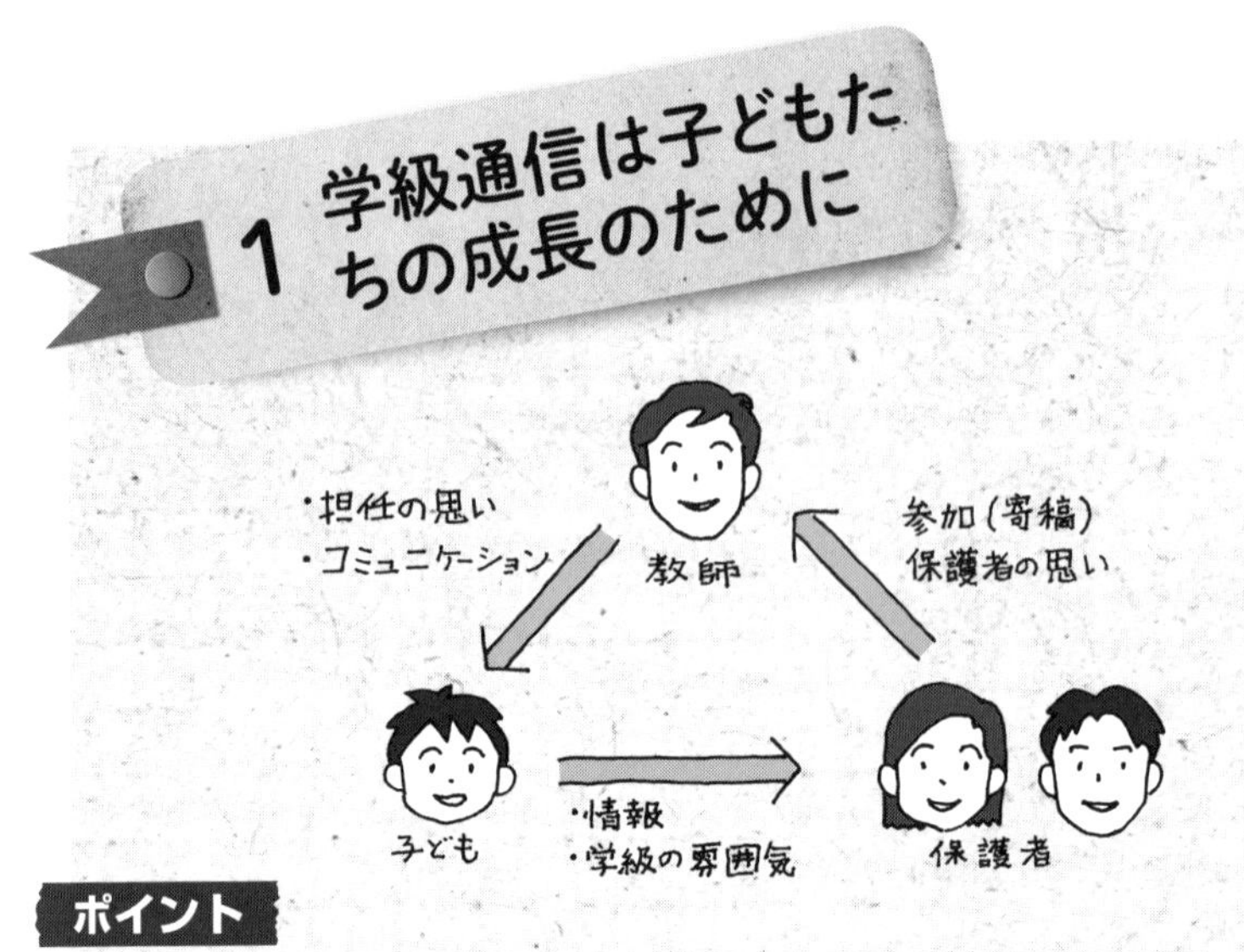

1　学級通信のススメ

学級通信の形式は様々ありますが、学級担任の裁量に任されている場合には、「学級の子どもたちへ向けて書く」というスタイルをオススメします。理由として、

○担任の思いを伝えることができる。
○子どもたちが発行される学級通信を楽しむようになる。
○保護者にとって知りたい情報（主に学級の様子）が手に入る。

2　学級通信の書き方

私は、Ｂ４の用紙で週に３～４枚発行していますが、発行の頻度に縛られる必要はありません。書きたいときに書くというのがいちばん無理なく書けます。「書かなきゃいけない」とか義務感でやっているうちは、いつまで経っても学級通信の醍醐味を味わうことはできないでしょう。いちばん大切なのは、「書いている自分自身が楽しむ」ということです。そのために、いくつかのオススメのネタがあります。

【オススメ度☆☆☆】

○クラスであったグッドニュースや，みんなで考えてもらいたいこと
○子どもたちの作品（日記や自学ノート）
○授業の記録、子どものつぶやき

【オススメ度☆☆】

○担任の小学生時代のエピソード（失敗談、笑い話、努力した話）
○季節のネタや時事ニュース（本や子ども新聞、インターネットから収集）

あっという間に紙面が埋まっていくので、楽しみながら書いていくことができます。

3　さらなる発行の工夫を

慣れてきたら、そこからさらにステップを踏みましょう。それは、保護者参加型の学級通信にしていくことです。「学級通信のタイトルを手書きしてもらう」などの手軽なところから、「行事の感想を投書してもらう」など、様々な方法があります。こういったところから、子どもは担任や保護者の思いを受け取っていきます。通信の内容と学級経営をしっかり結び付けていくのです。

一年の終わりに製本して学級通信集を作ると、子どもも保護者も喜びますよ。

（弥延　浩史）

2 短時間で学級通信を書こう

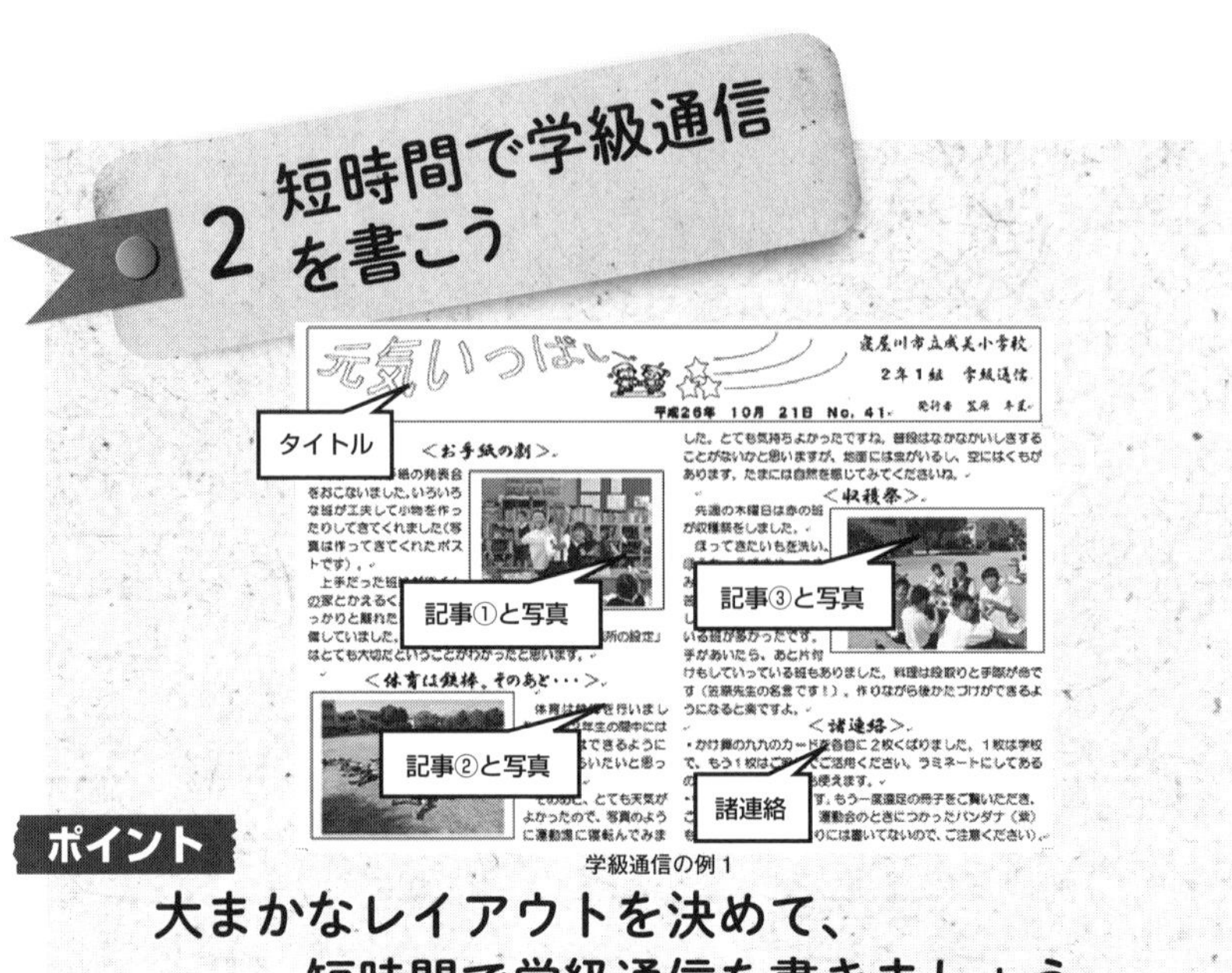

学級通信の例１

ポイント

大まかなレイアウトを決めて、短時間で学級通信を書きましょう。

学級通信にはいろいろな書き方があります。今回はより短い時間で書く方法の一例を示したいと思います。

1　スタイルを決める

ある程度固まったレイアウトを決めておくと良いでしょう。具体的には次のようにしています。

・Ｂ４一枚にします。
・タイトルは上部にいれます。
・１枚の用紙に３つの項目をいれます。
・写真を入れます。

このように枠を決めておくと便利です。次にコツを示したいと思います。

○保存の仕方

保存は「名前を付けて保存」すると毎回新しく用意してなくてよいので便利です。

名前は「○○年度学級通信△△（○は年度、△はＮｏを入れています）」と付けると上書きされないのでよいでしょう。学級通信を書き始めるときに前号学級通信からＮｏだけを変えて保存すると上書きされて前号が消えるということはなくなります。

○写真の貼り付け方。

　写真を貼り付けるときは「テキストボックス」の中に貼り付けます。このときテキストボックスの設定を「ページレイアウト」→「位置」→「その他のレイアウトオプション」→「文字列の折り返し」→「四角」を選んでおくと、写真をよけて文字が配列されるので便利です。

「四角」にします

テキストボックスの設定方法

　普段から授業のいろいろな場面で写真を写しておきます。写した写真はその日のうちにパソコンに保存しておくといつでも使うことができます。

○写真を貼り付けてから文章を考える

　文章から考えると時間がかかります。写した写真を見ながら文章を考えると比較的早く文章が書けます。写真を挿入してから文章を書くことをおすすめします。

○文字サイズを少し大きめにする。

　小さい文字だと多くの文字数を書かなけ

ればなりません。低学年の場合など、少し大きめの文字にすると見やすくなり、書きやすくなります。

このようにして、ある程度決まったレイアウトで書くと楽です。

2　プラスアルファのコツ

○たまには知識を伝えるお話の通信を出す

クラスの様子を知らせる学級通信だけではなく、家族で話ができるような問題や知識を伝える学級通信も書きます。

○保護者の感想欄を用意する

運動会の後など、大きな行事の後には感想を書く欄を用意するとよいです。保護者の方の行事に対する思いを知ったり、次の号で紹介することもできます。

○来週の時間割を入れるのはあまりおすすめしません（週に1回の固定のペースになるので）。そこで、必要に応じて「諸連絡」の欄でお知らせするようにしています。

○出す頻度を調整する

学期はじめなどは学校の様子を知らせるために毎日書くと良いです。また、運動会などの行事で忙しいときには週に1回にするなど、ペースを調整します。

このように、レイアウトを決め、早く書くことができるとこまめに出すことができます。早く学級通信が書けると、ほかのことに時間を有効に使えるようになります。

（笠原　冬星）

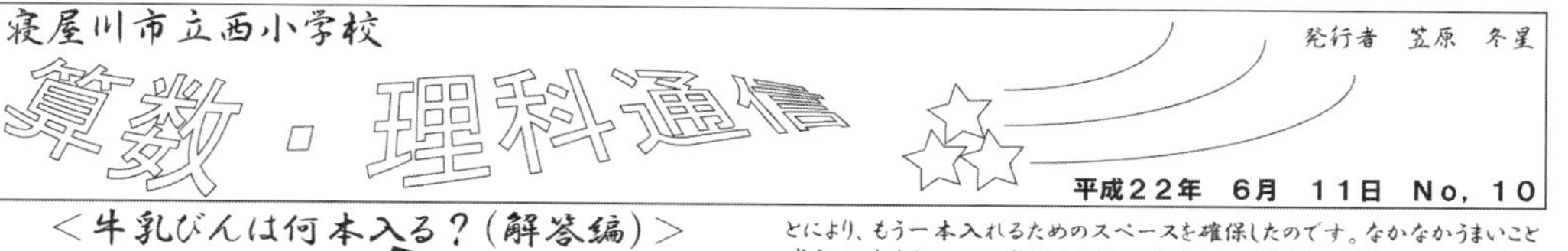

＜牛乳びんは何本入る？（解答編）＞

今回は2号前に出していた問題の解答を書［…］と思います。

2号前の問題はどんな問題だったかというと、以［…］に、もう一本どうやって牛乳びんを入れればよいか？という問［…］でしょうか？実際に給食室にきて、問題を考えた［…］事正解を導くことができました）。やっぱり、みん［…］かったですね。答えは、以下の図の右のようにな［…］

答えをみてどうでしょうか？上の図をみてもらうとわかりますが、左から2段目を4つにして、5・4・5・4、・・・、と入れていけばよいのですね（上の2つの図は周りの箱の大きさは同じものにしてあります）。すると不思議なことにもう一本余分に入れることができます。

では、なぜこのようなことが起こるのでしょうか？答えを見て「答えがわかってすっきりした。よかった。」では、ただのクイズになってしまいますからね。しっかりとその理由も考えてもらいたいものです。上の二つの図を見比べてみるとあることに気づくと思います。どこに注目すればよいかというと、びんとびんの「すき間」に注目してみてください。よ～く見てみると、左の図の方がすき間が大きいことがわかりますか？そうなのです。実をいうと右の図はこのすき間を有効に利用して、なるべくすき間が小さくなるように並べられているのです。「塵（ちり）も積もれば山となる」のことわざ通り、並べ替えてすき間を少しずつ貯めていくことにより、もう一本入れるためのスペースを確保したのです。なかなかうまいこと考えていますよね。この問題のようにすき間をうまく使うと、同じスペースに今までよりも多くのものを入れることができるようになります。なかなか部屋が片付か［…］使えば今までよりも多くのものを入れることができるようになり［…］っ越し屋さんは一台のトラックになるべく多くのものを入れる［…］夫をする能力が発達しているといわれています。

［…］単純ですが、深く考察していくとなかなか興味深いもので［…］かなかおもしろい問題があるかもしれませんので、ぜひチャ［…］。

「牛乳びんは何本入る」など、考える問題のお話をいれることもあります。

＜補足1＞

この問題を周りの人に出したいときは円の形のものを用意すればよいので、1円玉などの硬貨と、それに合う周りの枠を割り箸などで作ってあげると考えやすいと思います。

＜補足2＞

この問題をもっときちんと証明するためには、円の面積を求める計算をしていくと、きちんと41個入ることが証明できます。先生も大学時代に授業で証明しました。

＜運動会終了！＞

この日曜日に運動会も無事終了しました。先生は出発の仕事でしたが、流石高学年。きちんと仕事をしてくれていました。最後の組体操では各技の成功率も高く、フィナーレも無事成功させることができました。

6年生は最後の運動会だったので、思い入れも強かったのではないでしょうか？先輩（せんぱい）として力強い姿を見せてくれることにより、5年生も「来年はがんばるぞ！」という思いになったことだと思います。練習からがんばったことが本番につながったのだと思います。お疲れ様でした。

学級通信の例２

3 書きぶりをまねさせる手段としての学級通信

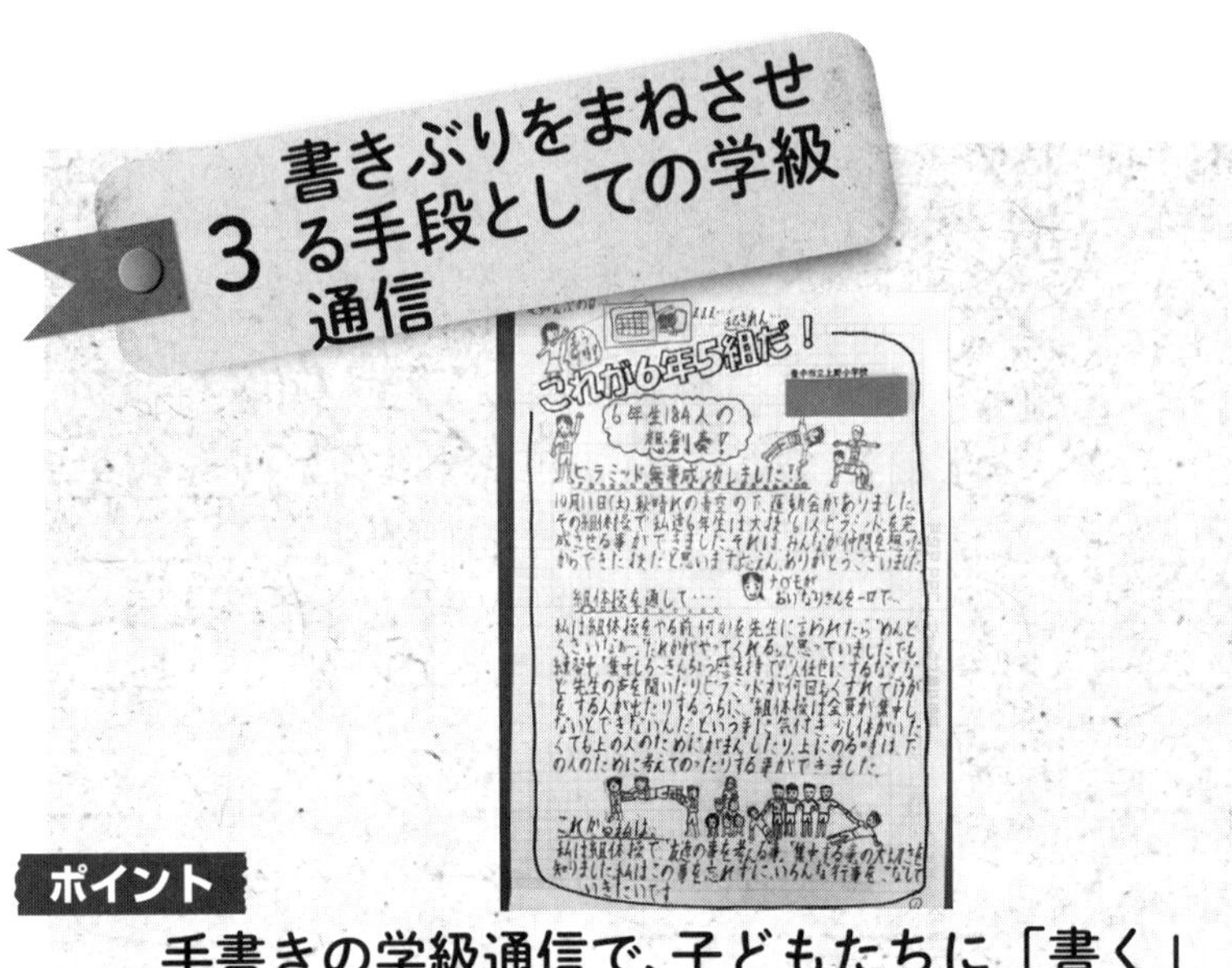

ポイント

手書きの学級通信で、子どもたちに「書く」ことをビジュアルでさりげなく指導

私の学級通信は、手書きです。なるべく小さい字でB5の用紙に字をびっしり埋めることを意識して週1回から2回書きます。そして、絵を入れます。下手ですがそのときそのときの印象的なクラスの様子が伝わるように描きます。クラスとして成長したこと、いいことよくないこと、家庭でも意識してほしいこと…とりあえず思いつくまま書きます。私は子どもの個人名や個人の作文を載せません。あくまでも担任はクラスをどうとらえてどう次に進ませようとしているかを書こうとしています。

保護者に向けてだけではなく、子どもたちに向けても意識して書きます。私はこういうことを評価している。こういうことを何とかしようとしている。口で言うよりも、字に表したほうが自分の価値観を伝えやすいなと、実践しながら感じています。

学級通信の役割は、子どもたちが家庭で学校での話をするきっかけを作ることだと私は考えます。家庭で学校の話をするときに、シリアスな話だけされていてはつまらないし、学校の楽しいところも子どもの口から伝わってくれれば、という願いもこめて、楽しい話題も意識して入れています。

毎日たくさんある手紙・配布物の中で、手書きの印刷物はいまどき珍しいのですぐにおうちの方は見つけてくれます。

「手書き」であることの良さは、子どもたちのノートまとめに「びっしり書く」ことと、「イラストの効果的な使い方」をビジュアルで提示できることです。ノートのまとめ方、文の書き方がワンパターンな子や、そういう活動が苦手な子にとっては、一番手っ取り早くマネのできるお手本になります。

「先生、なんで手書きなの？」

とよく聞かれます。正直な理由としては、私がパソコンに明るくないというのが一番ですが、子どもにはこういって納得してもらいます。

「鉛筆で（ペンで清書）書いているうちに閃くことがあるから。みんなもそういうこと、いつか気付くと思うよ。」

納得してくれたら、こっちのものです。

私は通信を書いている様子を時々子どもたちに見せています。そうすると

「私も書いてみたい。」

と言われます。それも狙っています。

「では、書いてみましょう。」

行事の前後や、逆に何も行事のないとき

の学校での私たちはどうなのか、クラスのおうちの方々に伝えてみましょうと仕掛けてみます。

いざ、自分の文章を通信にして配布することになると、子どもたちに意識させなければならないことが出てきます。

(1)相手意識

たくさんの人達がこの文章を読むのだから、「誰かがこの文章を読んで気を悪くしないだろうか?」を考えさせます。個人名を入れないほうがよいことも伝えます。ところどころは厳しい意見を入れてもいいけれど、読み終わったときに読者がいい気分になれる仕上がりの方がいいことも伝えます。

(2)飾らないありのままの文・絵

小学生は小学生のままの文章を書くことが一番です。背伸びをした文章なんて、ここでは読者は望んでいないと伝えると、子どもたちは妙に納得するものです。自分の感じたこと、考えたことをそのまま出すことを促します。国語の時間に書く真面目な文章ではない文章でもいいんだと。その雰囲気でついついいつもより饒舌な文章を書く子も増えます。

子どもたちに書き方指導をしているうちに、子どもたちからか私からか、どちらともなく、「それ先生(私)の書き方と一緒なんじゃないの?」と。確かに。

私の提示をもとにして、子どもたちがだんだん書くことに躊躇しなくなっている様に、自分もやりがいを感じます。

(灘本　裕子)

昨日劇鑑賞会がありました。忍者サスケという劇で、「1.2年生はノリノリやろうけど…（正直6年生で楽しめるかな…）」と思っていたら、大ウケでした。劇中で「ハヤテ（人物）は桜姫のことが―♡好きなんじゃないかな―♡」というセリフが出てきたときに、6-5の何人かの顔をソォーッと見てみたら、絵に描けないくらい、ニヤニヤしてました。年頃ですねぇ。劇よりもそっちの方が楽しかったです。

今日は廊下・階段についての話です。

6-5は、正直、廊下がきたないのです。6-5、36人の大半が学校のあちこちへ、低学年とペアでそうじに行っているので（よくがんばっています、多分）6-5教室のそうじのメンバーが6人しかいてないのです。1年生の子も来てくれますが、どうしてもまだ廊下まで手が回らない。

ある日給食を返すときに何かの汁がこぼれてしまったようで、廊下がコッテリ汚れてしまいました。さあどうするんだろう…。しばらく様子をみて…さらに様子をみても何も変わらず…「あのさぁ…」としばらく廊下をどうするかについて、考えさせました。

私も気がついたら廊下をそうじしているのですが、「誰も担当ではない」廊下をどう使うか、どうそうじするのか、どうきれいに保つか…しばらく（あまりこちらからはたらきかけず）みておこうと思います。

実は廊下（階段）の話は6-5の前だけの話ではなく、あちこちで見受けられます。「なぁなぁ先生、○○めっちゃ汚れてんでー」とは子どもたちが言ってくるのですが、さあこれから、どうなることでしょう？

来週の参観・懇談のときに、子どもたちの答えがあるのか、ないのか、みてみて下さい。

来週は月曜から土曜まで!! 長い一週間です。

がんばりましょうね!!

1 側面掲示を使って学びの軌跡を見える化する

ポイント

学習の場づくりが学びの意欲を高めます

「先生、今日の国語は何をやるんですか？」子どものこの一言はつらいですね。単元計画が共有されていないため、子どもが国語モードに切り替わっていないのです。ここでは、教室の側面掲示を使って、国語モードにスイッチを入れる方法を紹介します。

1 学習の進度を示そう

学習計画がある程度はっきりしている場合におすすめです。教室の側面に、毎時間の内容（またはめあて）を掲示します。

○アイコンや色を使って、活動がひと目で見えるようにしておく。
○次の活動が見えるので、家庭学習への波及も期待できる。

2　学習した内容をまとめよう

「書くこと」の学習のように、習得・活用する内容が明確な場合は、ポイントを壁面掲示にまとめておくと、いつでも参照できます。

○大切なことだと子どもと共有したものだけ、ポイントを絞って掲示する
○毎時の内容を模造紙にまとめても使えないので気を付ける。

3　学習用語を示そう

「視点」「人称」のように、国語では共有したい「学習用語」がたくさんあります。また、「○○さん方式」のように、学級の中でしか通じない学習用語もあるでしょう。これらを掲示しておくことで活用を図ることができます。

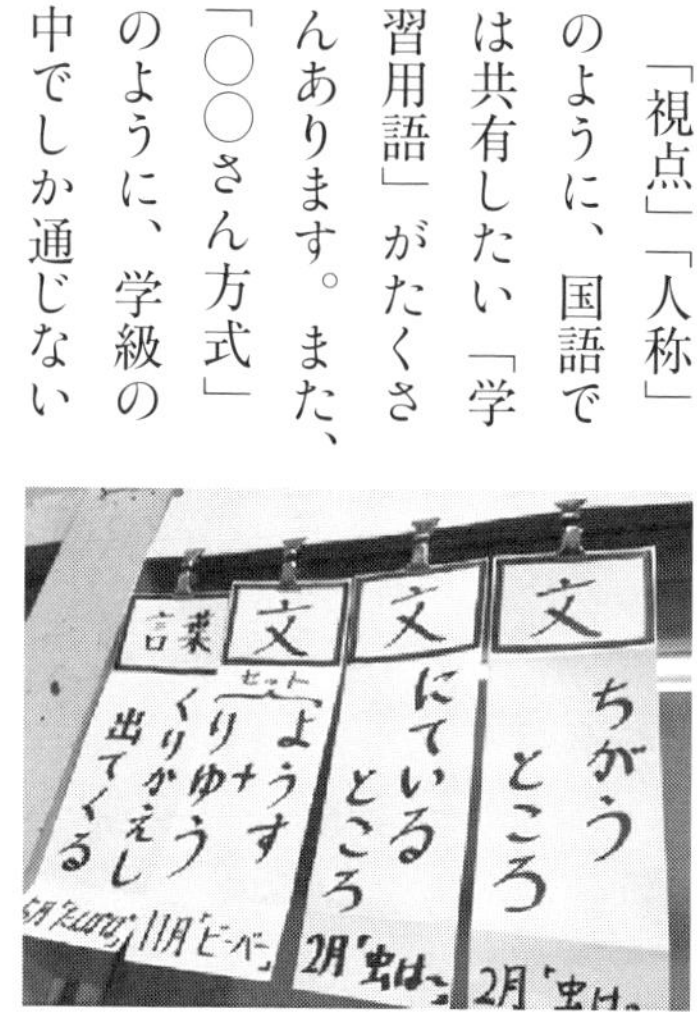

○教科書会社ごとに作成している学習の系統表を参考にする。
○掲示を増やすことではなく、授業の中で活用することが目的であることに注意。

4　学習で使える材料を示そう

国語の授業では、キーワードや接続語といった語句だけでなく、登場人物の表情や事例の写真といった資料も、数時間続けて使用します。それらを常に掲示しておくことで、子どもは授業中に「あれが使える」と気付くようになります。

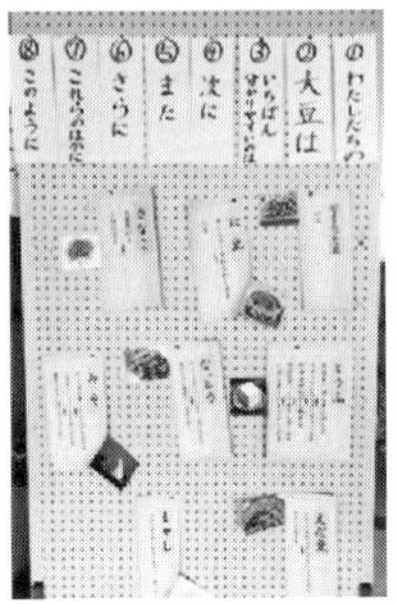

○いつでも板書に流用できるよう、掲示は仮どめ(またはマグネット)にしておく
○似た内容の単元でも活用できるよう保管を

5　教材の構造を示そう

「読むこと」の比較読みは、複数の教材を比べながら学習することで、共通点や相違点に気付くことができます。そのためには、それぞれの教材の特徴的な構造を掲示しておくことが有効です。

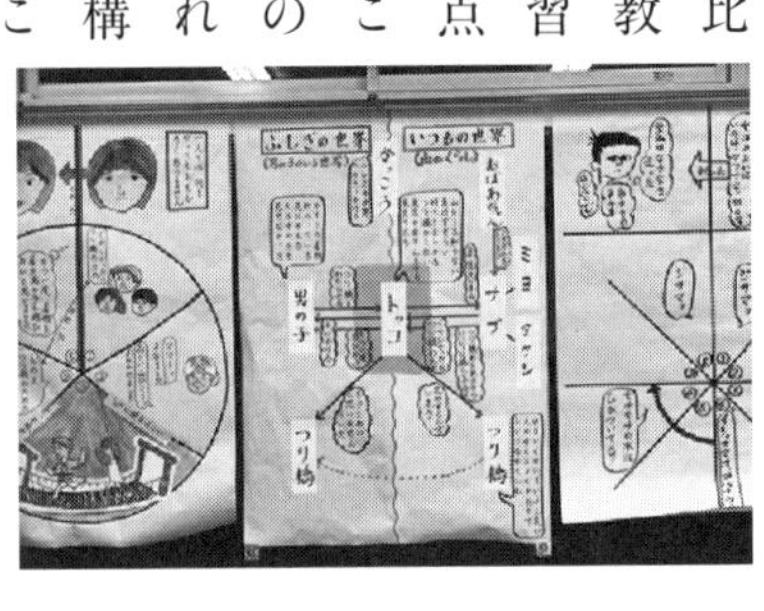

○教材の構造を抜き出す時には、同じひな形にしておき、比較しやすくする。
○子どもの気付きも書き込み、教師の一方的な教え込みの提示にしない

6　学びの履歴を累積しよう

　作文や本の帯など、言語活動の成果物をしばらくの間掲示しておくことはよくあります。しかし、子ども自身が学びの良さを実感するまでは、ある程度の時間、ある程度の量の記録を累積しておくことが効果的です。

○一年間を見通して記録を累積し、個人作品集としてまとめることもできるよう、累積と評価の方法を工夫しておく

（番外）こんな側面掲示は効果が低い

　ここまで述べてきた方法は、すべて継続して繰り返し授業に活用することをねらいとしています。その視点から見ると、意外に貼ってあっても使っていない掲示が多くありませんか？

○意識されない声の大きさの段階
○色あせているよい姿勢の図
○子どもが使わない話形の文例

（宍戸　寛昌）

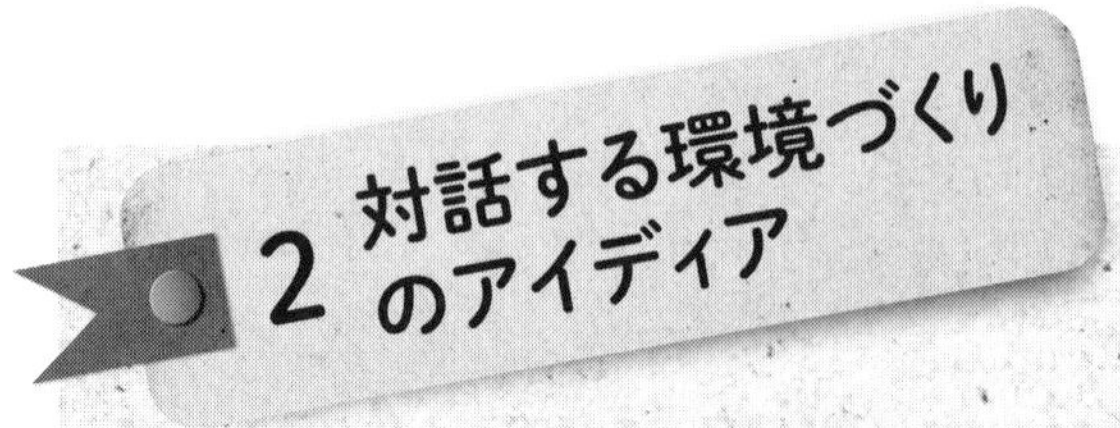

ポイント

戦略的に対話の環境を整えよう

1 はじめに

他者との対話は、やがて「自己内対話」という形で、「思考」に変わります。対話の活動を充実させることは、思考活動を充実させることに他なりません。また、他者との調整を図るという対話の本来の機能を考えれば、対話によって学級の関係性が高まるのだとも言えます。そう考えると、授業づくり・学級づくりのどちらの観点からも「対話」という活動のもつ重要性がわかります。

2 「対話」を考える要素

では、どのように対話の活動を成立させればよいのでしょうか。対話の要素を取り出すと、おおよそ次の三つに整理されます。

①話題（何を話し合うか）
②能力（どのように話し合うか）
③環境（どのような場で話し合うか）

①②は姉妹本「国語授業編」の項目を参照していただくことにして、ここでは③について考えます。どのような場で話し合うのかという環境づくりの視点は外せません。対話を成立させようとすれば、戦略的に環境を整える必要があります。

3　環境づくり

⑴人数

対話の基本は２人組です。これが話し合いの最小単位です。２人組は一方が話せば、一方が必ず聞かなければならず、全員に活動の機会を保障します。ただし、敢えて３人組を作るという選択もあります。１人が話し、もう１人が聞き、もう１人が客観的にモニターする役割を担うという場合です。モニター役は、対話の積極的な参加者が見落としがちな視点に気付いたり、対話の進行の仕方そのものを評価したりする事ができます。また、グループでの対話活動も考えられますが、４人以内が適切です。５人組では全員の参加が難しくなります。

⑵机の配置（席の配置）

前後の組み合わせで、前の子どもが後ろを振り向き話しにくそうにしている学級を見ることがあります。また、ペア対話の相手が決まっていなくて、戸惑っている子どもがいる教室も見ます。

戦略的に考えれば、対話がしやすい机・

席の配置があるはずです。「コの字型」に机を並べれば、子ども同士の顔が向き合い学級全体での対話がしやすくなります。4人グループの活動では114ページの図のように机を並べることで、だいぶ話しやすさが変わってきます。

また、席順も重要な環境要因です。誰と誰を話し合わせるか、良い組み合わせは学級担任にしかわかりません。最大限の相互作用が生まれる組み合わせを、じっくり考える必要があります。「くじ引き」による席替えは戦略的な手段とは言えません。

⑶教材・教具

実際の授業場面では、教材・教具の数によって授業の方向性が変わることがあります。一人一人にじっくり考えさせたいなら、当然人数分の教材・教具が用意されるべきでしょう。ただし、対話をさせたいときは敢えて数を限定すると良いことがあります。2人組のそれぞれに教材・教具が与えられると、手元の操作に夢中になって互いに個人思考に終始してしまうことがあるからです。1組に一つずつの教材・教具ならば、物を媒介にして互いの顔が向き合い、操作をしながら声を出す必然性が生まれます。全体の話し合いでも、黒板に手元にある物と同じ物（あるいは拡大した物）があるのとないのとでは、全く様相が変わってきます。対話に参加する全員が共通の物（教材・教具）を見ることで、顔が向き合い、やりとりが双方向的になります。

4 「しりとり」のすすめ

「さあ、お隣さんと話し合ってごらん」

と促しても、慣れるまではなかなか対話が始まらないかもしれません。そこで、疑似体験で、対話の雰囲気をつくるアイディアを紹介します。しりとりです。しりとりは誰でも知っているため、ルールの説明がいらない良さがあります。

①お隣さんとチームになって、しりとりを10個しましょう。

基本的な指示はこれだけです。

②終わったら、「終わった」と言ってお隣さんと手をつないで挙げましょう。

こんな指示でゲーム性を加えます。

1回につき1、2分でできて、終わったチームから「1番！」「2番！」「すごい！」「速い！」などと、声を掛けてあげると、高学年でも意外と楽しくやります。

授業前の時間や席替え直後など、隙間の時間を見つけて行ってみましょう。

「しりとり用意」と声を掛けると、さっと体を寄せて、お隣の友達と目を合わせる姿が見られるようになります。そんなときは、「いいね、今日はこのペアが速そうだな。」と声を掛けます。途中で詰まって、「ほら、細くて長いやつ」などと、ヒントを出し合う姿が見られるときは、「いいヒントだったね。おかげで最後までできてよかったね。」などと、声を掛けます。しりとりは、必ず順番に声を出さなければなりません。言葉をつなげるためには、相手の声を聴かなければなりません。「対話」の初歩が詰まっているのです。

（岩崎　直哉）

3 今より一歩進める、発言・発表トレーニングセリフ集

ポイント

ちょっとだけなりきり。ちょっとだけ非現実。「遊び」で子どもの苦手意識を忘れさせる

普段にぎやかなクラスでも、研究授業や参観になるとピタッと静かになってしまうということ、ありますよね。保護者の前で「いい子」の姿を見てもらいたい、そんなけなげな子どもたちのすばらしい能力を、私は最大限に生かしたいと思います。子どもたちは条件や舞台をちょっとだけ設定するだけで、普段の授業・学校生活でも発言力、発表力を伸ばすことができるのです。

（シーン1）「ごっこ授業」

授業中、子どもたちに発言を促したのに、上手くかみ合わないとき、こんな言葉を。

「もう一回。次はもしも校長先生がお客さんを連れていらっしゃったら。私たちは学校の代表。そのつもりで。私が質問をしたところからはじめます。」

と、ちょっとだけ巻き戻しをして授業を再開します。子どもたちはちょっとだけ気取ってデキる自分を演じ、発表をします。

ときには「○○さんのように（発表が好きな子）」とか、「テレビのコメンテーターになりきって」というように設定を変えます。ポイントは「なりきり」を楽しむ状況をつくること。発表をすることに躊躇がなくなっている状況をつくることです。

子どもたちはごっこ遊びの天才です。ときにこういう遊びをクラスに仕掛けるだけで、今まで発表していなかった子も自然とその雰囲気におされて自分の意見を言うことができるのです。子どもたちは決して課題や質問に対して何も考えをもっていないわけではないのです。内にもっているものをクラスに出すときのハードルをちょっと下げるために、この手段は使えるはずです。

（シーン2）サプライズクラス劇

例えば誰かが転校するとき、教育実習の先生が実習期間を終えられるとき、当人たちには秘密裏に、子どもたちと一緒にサプライズ劇をしかけます。普段どおりの授業をするはずが、だんだんその人のお別れセレモニーになっていくという筋を内緒で他の子どもたち全員に伝えておいて、台本をこっそりちょっとずつ作っていくのです。

相手を驚かせてやろう、その後喜ぶ顔が見てみたい。と子どもたちの目的意識・やる気はグッと上がっています。なるべく普段どおりの授業の設定から劇が始まるように、ただちょっとだけ非現実の要素も入れながら、子どもたちにセリフを考えさせます。

この子ならこんなセリフだな、あの子がこんなセリフを言うなんて。秘密のクラスの話し合いのときに、気付けば子どもたちがたくさん意見を言い、そのセリフ(セリフといっても普段しゃべっている自然体の言葉)を何度も繰り返し練習します。次頁はセリフの一例です。宇宙と交信?せっけん?こまくが破れる?と書かれてあるのは、このクラスで生まれた文化なのでご了承を。要所要所は私も手を加えながら、台本づくりが得意な子が作った、まだ空欄の多い台本を子どもたちに配ります。結末を作らないのです。「もし自分だったらどんなセリフを付け足そうかな?」

「机バーン!は○○さんがやるのか。意外だけどそれが面白そう。」

台本を未完成にしておくと、子どもたちの意見で展開や結末を作りかえることができます。結局ここでも子どもたちは意見交流が止まらなくなります。

劇の規模の大小ではなく、「今この状況で自分だったらこう言うな。」と普段頭の中までで止まっていたことをセリフとして口に出せる良さが、このクラス劇にはあります。そして劇を繰り返すうちに、教室の中で「話したい」と同時に「友だちの言葉も聞きたい」意欲が、普段の学習の時間でも自然と高まっていくのです。

二つとも、きっかけは一見くだらないような設定・場面ですが、なりきり・ごっこ遊びの天才、想像力豊かな世界に生きる(生きてほしい)子どもたちに、遊びを仕掛けるつもりで一度取り組んでみてください。

(灘本　裕子)

ヒミツは守ろう！台本落としちゃダメよ。　　　名前（　　　　　　　　　）

灘本）　さあ、授業をしましょう。机の上に○○○を置いて、黒板見てください…（タラタラしゃべっている）

☆S、イスの上に立ちあがって、宇宙と交信

（　　）　わあ、Sが宇宙と交信している

（　　）　なんでそんなことすんねん。S、何か言ってるわ…。
中継してみよう。なになに、今日は、K先生が最後の日なのに授業するなんて、ひどい！ひどいわ！って言ってる。

（　Y）　ワーーーーーーン！K先生、もうお別れなんて、知らなかった！
ヒドイわヒドイわーーーー！

（　R）　みなさん、こまくがやぶれても知りませんよ。
ワーーーーーーン！ぼく、K先生に、かしこくなったところ、見てもらいたかったのにーーー！

（　　）　ワーーーーーーーーン！

（　　）　ワーーーーーーーーン！

（　I）　せっけーーーーーーん！（

全員）　ワーーーーーーーーン！

（　　）　☆つくえバーン
先生、わたし、今日は授業じゃなくて、お別れ会だと思います。
K先生！どう思いますか？

（　　）　K先生！ぼく灘本先生が何と言ってもお別れ会したいです。

（　　）　K先生が、やるって言ってくれたら、なんとかなります。

（　　）　お願いします！

（　　）（　　）

☆もしもダメなら…。やらない

☆もしもOKなら…。やる

1　あいさつ+○○でつながろう

ポイント

「言葉の力」を育む土台を、朝から帰りまで、あらゆる時間で育てよう。

1　「あいさつ」の姿を描く

「あいさつ」は、人とつながる最初の言葉ですから、大切にしたいところです。

あいさつは、ただ言えばいいというものではありません。育てたい「あいさつ」のイメージを具体的に描くことで、質を高める指導が可能になります。

(1)自分から

「おはよう！」と先生から声を掛けられてから返すようでは、受け身です。朝来たら、自分から進んで先生にあいさつする習慣は、自ら進んで人とつながろうとする態度を育てます。「あいさつは、先に言った方が勝ちだよ。」と子どもの心に火を付けます。

(2)学級の友達と

朝教室に入ると、大きな声で「おはようございます！」と言える子でも、学級の友達には、案外言わないものです。友達（特に仲良しでもない子）とも、言葉を交わし合うことを当たり前のことにしたいところです。

(3)校内で出会う大人の人に

朝や帰り、担任する学級以外の子に声を掛けても、反応が乏しいことがあります。せめて、担任する学級の子には、他の先生や職員の方、校内ですれ違う保護者の方へのあいさつがきちんとできるように指導したいですね。

2　あいさつ＋○○で

(1)あいさつ＋アイコンタクト

「今日、友達何人とあいさつできるかな？」などと煽ると、「おはよう、おはよう」と早口で形だけのあいさつをする子も出てきます。心を通い合すことがあいさつの目的ですから、目を合わせて、きちんと言うことも求めます。視線を相手に向けることは、「話す・聞く」の基本です。

(2)あいさつ＋ハイタッチ（握手）

手をパーンと叩くだけで、自然と笑顔になり、テンションも上がります。手の出し方や体温で、その子の心の状態も把握できます。

(3)○○さん＋あいさつ

人は、名前を呼ばれると、親しみを感じます。ぐっと心の距離が縮まります。

(4)あいさつ＋一言

「おはよう。今日も笑顔でがんばろうね。」「さようなら。一日楽しかったね。ありがとう。また明日ね。」と、前向きになれる一言を付け足します。

(5)あいさつ＋質問

「おはよう。昨日の夜、何食べた？」と質問を加えると、あいさつが、会話になります。

学級で「あいさつ」の後は質問すると決めておけば、先のような質問でも違和感もありません。

(6)あいさつ＋ミニーちゃん

ディズニーランドで出会うキャラクターは、何人もの人に毎回「会えて嬉しい！」というメッセージを体いっぱいで表現します。「ミニーちゃんになろう」と言うと、低学年の子どもたちは、喜んで両手を広げてあいさつをします。大人でも、笑顔であいさつしてくれる魅力的な人がいますね。

(7)あいさつ＋じゃんけん

子どもは、なぜかじゃんけんが大好きです。単純に盛り上がります。

3 「あいさつ」を習慣付けるか？

多くの学校で「あいさつ運動」があったり、生活目標に「あいさつ」が挙げられたりするということは、それだけ習慣付けることが容易ではないことを示しています。説教になるのではなく、楽しく、根気よく続けていくことが大切です。以下にポイントを示します

(1)教師から進んで

教師の姿が、何よりの手本となります。いろいろな気分のときもあり、とびきりの「あいさつ」を常にしようとするのは、大人でも難しいものです。でも、やっている

うちに、子どもから元気をもらえます。

「あいさつ」は、元気の交流です。

⑵褒める・価値付ける

「○○くんのあいさつは気持ちがいいね。」

「○○さんが、教室にいい空気を広げてくれています。嬉しいことです。」

メッセージで喜びを伝えます。

⑶あいさつタイム

「今から、一分あげます。できるだけ多くの友達とあいさつをしましょう。今日のテーマは、『おはよう＋質問』です。」

一分で手軽に教室を温めることができます。

先に挙げた「あいさつ＋○○」を一つずつ取り上げていきます。

「あいさつタイムがなくても、普段から自然とできるようになったらすごい。」

と、日常生活に生きるように声を掛けます。

4 「あいさつ」で、言葉を交わす土台を

授業の「対話」や「発言」の充実は、子どもと教師、子どもと子どもの「関係」が土台となります。「あいさつ」はそんな関係づくりの第一歩です。朝来てから帰るまで、すべての時間で言葉の力を育みます。

（山本　真司）

2 子どものやる気を引き出す四つのしかけ

ポイント

どこに向かって進んでいるのか、はっきりとした授業をつくりましょう

授業のはじめに、今日学習する場面の音読をさせます。次に、登場人物の様子について考えるよう指示を出します。その後、登場人物の気持ちを考えるよう指示を出します。最後に、今日学習した内容に対して感想を書かせます。１、２名発表させて授業を閉じます。

子どもたちは先生の指示に従い動いていきますが、授業後半になるにつれ、どんどん挙手の数は減ります。集中力も途切れてきます。

子どもは、どこをめざしてどこを歩いているのかわからず、まるで霧の中をさまよっているかのような授業です。

このように、最初は勢いがあった子どもたちがだんだん意欲をなくしてしまうといった現象は、１時間の授業だけではなく、一つの単元でもよく起こることです。

　これらには、子どもがやる気をもつためのしかけが不足しているのです。

　では、子どもがやる気をもつためのしかけにはどのようなものがあるのでしょうか。

　魅力的な教材や、興味を引くような楽しい導入といったことも大切です。しかし、いつもそういった教材を用意できるわけでもありませんし、毎時間、子どもがわくわくするような導入をしていくことは困難です。

　それに、ちょっと考えてみると、教材や導入の面白さで子どもをひきつけるということで、受け身な子どもにさせてしまう可能性もあります。

　そこで本項では、日常の授業で無理なく生かせ、子どもの主体性を引き出すための四つのしかけを紹介します。

1　活動の相手をはっきりさせる

　例えば、参観日でお母さんに劇を見せるということを示すと、子どもたちは熱心に練習を行うと思います。

　劇だけではなく、作文や報告文など取り組む意欲の差が出やすい、文章を書く活動については特に効果があると思います。

　すべての単元で相手が必要になるわけではないのですが、活動の相手を設定できる単元では、単元のはじめに、この単元で書く文章は誰のために書くか、劇や発表をするなら、誰のために行うかを、子どもたちと話し合って、はっきりと決めておくと、子どもたちはやる気をもって取り組みます。

2　活動の目的をはっきりさせる

特に、時間数を多く必要とする単元になることが多い物語文や説明文の学習に入る前には大切にしたいことです。

また、どんな教科の授業に関しても、1時間のはじめに必ず示したいことです。

何ができたり、わかったりするためにこの単元を設定するのか、今日の1時間は何ができたり、わかったりすることをめざして取り組むのかがはっきりしていることで、子どもにとってはゴールが見えてきます。

単元の目的は、教科書では「大造じいさんとガン」といった教材名の隣に「優れた表現を味わおう」とか「説明の仕方の工夫をとらえよう」などと書かれていたりしますので、それを参考にしながら決めましょう。そしてその目的を達成するために、今日の1時間は何をすべきかを子どもが理解したうえで授業をしていくようにしましょう。

3　考え方をはっきりさせる

活動の目的はわかっても、考え方が子どもに見えていないと、その活動は停滞します。導入で、主役の気持ちを知ろうという本時の目的を提示した後、各自で気持ちがわかる所を見付けて、そこでの気持ちを書き出すようにやり方を伝えたとします。しかし、ここまで説明しても活動に取り組めない子どもも多くいます。

その理由は、どこに目を付けてどうやって考えてよいかわからないから、つまり考え方がはっきりしていないからです。「様子を表す言葉を見付け、それがあるのとないのとを比べて考えてみよう」等考え方をはっきりさせましょう。

4　頑張りを認める

1時間の授業にしても、一つ一つの活動にしても、頑張った成果を認めて価値付けることで、子どもはやりがいを感じ、力も付き、次の授業や活動に対するやる気も出てきます。子どもは、1ページ音読するにしても、短い文章を書くにしても、そこに何らかの意味があることを信じて、一生懸命活動しています。

先生が自分の都合に合わせて授業を進めてしまうと、子どもの一つ一つの頑張りを認めてあげることができなくなり、子どもは学習に対する張り合いをなくします。先生が子どもたちに発問、指示して取り組ませたことには、責任をもち、子どもの頑張りを認めてあげましょう。

（参考）1時間の授業モデル

子どものやる気を引き出す一時間の流れを示しました。参考にしてください。

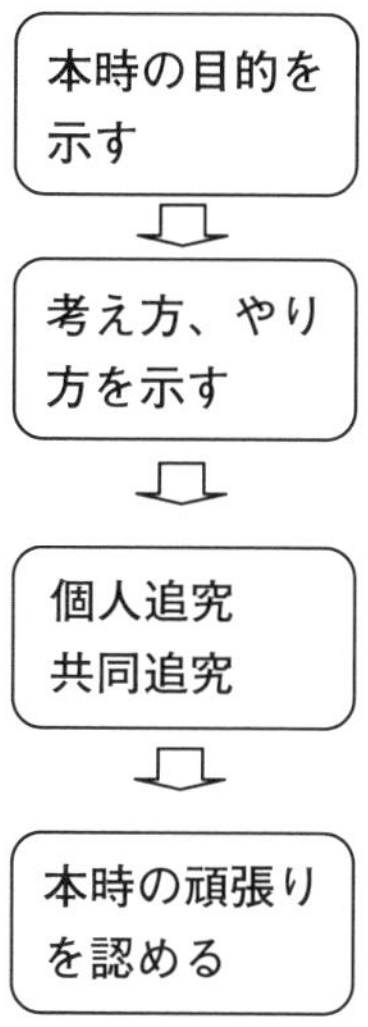

本時の目的を示す
⇩
考え方、やり方を示す
⇩
個人追究
共同追究
⇩
本時の頑張りを認める

（小林　康宏）

3 「問い返し」にみる学級づくりの視点

Cさんの言いたいこと
わかるかな？
自分の言葉で説明できる人？
Cさん、すばらしい
発見だね。Cさんの
続きを言える人はいるかな
「問い」にせまる子どもの
発言には、発言者に応じた
「問い返し」でこたえよう

ポイント

「問い返し」を工夫して話し合いの場（＝学級）をコーディネートしよう

1 授業づくり＝学級づくり

年間千時間を越える「授業」が学級の形をつくります。しかし、教科学習となると意欲や能力の個人差から、一部の子どもたちが発言し、他の子どもたちは聞いているだけという二極化の現象が起こりがちです。当然、このような授業を繰り返しても、よい学級づくりは進みません。話し手と聞き手が入れ替わり、互いの意見が絡み合うような授業が望まれます。そのためにできることと言えば、結局は教材研究による良質な発問の検討です。

ところで、一般的に発問は、授業前から用意しておく「予定発問」と、実際の授業の展開によって提示される「即時発問」に分けられます。「予定発問」は、教科の内容に直接かかわる授業づくりの側面をもつものですが、「即時発問」は子どもとのやりとりの中で問い返されるものですから、学級づくりの側面も併せもちます。子どもの発言をどのような「問い返し」でつなげるかは学級づくりの一つの視点になるのです。

2 「ごんぎつね」6場面後半を例に

教科書教材「ごんぎつね」（東京書籍4年下）の6場面後半の一節です。

> 兵十はかけよってきました。うちの中を見ると、土間にくりがかためて置いてあるのが、目につきました。
> 「おや。」
> と、兵十は、びっくりして、ごんに目を落としました。
> 「ごん、おまえだったのか。いつもくりをくれたのは。」
> ごんは、ぐったりと目をつぶったまま、うなずきました。
> 兵十は、火なわじゅうをばたりと、取り落としました。青いけむりが、まだ、つつ口から細く出ていました。

次のように発問します。（予定発問）

> 兵十は、ごんの償いにいつ気付いたか？

A児は、「『おや。』のところだと思います。そのあとに『びっくりして』と書いてあるので、兵十のごんに対する見方が変わったと思います。」と言います。B児は、「『火なわじゅうをばたりと、取り落としました』のところだと思います。『ばたりと』のところがすごく重い音で、本当のことに気付いた兵十の心が表れています。」と言います。この両者の発言は、根拠に対する理由付けが明快で説得力のあるものです。実際に多くの子どもたちは、A児やB児と同じような考えをもちます。そんな中で、C児が次のように発言します。

> ぼくは、「土間にくりがかためて置いてあるのが、目につきました。」のところだと思います。「かためて置いてある」のを見つけたのだから、兵十はごんの気持ちに気づいたと思います。

このC児の発言の価値を即座に認識できるかどうかは、教材研究の深浅にかかわる授業づくりの問題ですが、この発言をいかに他の子どもに拡げるかは学級づくりにかかわる問題でもあります。C児のような少数派の意見もしっかり受け止められる学級の土壌づくりをしておきたいものです。では、このような場合、どのように子どもの発言を全体に拡げれば良いでしょうか。

3 本人に直接問い返す

まず、「どうして『かためて置いてある』と、ごんの気持ちに気付くことになるのかな?」と、直接C児に問い返すことが考えられます。すると、「だって、ごんは最初バラバラにくりを置いていたのにわざわざ『かためて置いてある』ということは、すごく丁寧な感じがして、気持ちが表れていると思うからです。」と、より具体的に答えるでしょう。「かためて置いてある」という描写を前の場面と比べて、丁寧な行為と意味付ける読みです。さらに、それを見つけたのが兵十であるという視点の位置も明確に意識されたものです。これは大変すばらしい読みですが、このような場合、たいていい本人の説明だけを聞いてもなかなか聞き手には伝わりません。

4　聞き手に問い返す

そこで、「なるほど、Cさんはみんなとは違う発見をしたようだ。Cさんの言いたいことわかるかな?」と、聞き手に問い返してみます。すると、聞き手は「かためて置く」ということにどんな意味があるのかと考えなければなりません。受動的な聞き手ではいられなくなります。

あるいは、C児の発言に多くの子どもが賛同するのであれば、逆に「先生には、よくわからないな。Cさんの言いたいことがわかる人いるかな?」と問い返す必要があるかもしれません。当然、まだC児の考えについていけない子どもがいるからです。

もし、C児が問い返す間もないくらいに、とんとんと話を進めるのであれば、一旦C児の発言を止めて、「Cさんの考えの続きはわかるかな?」などと、全員に予想させる手だても考えられます。

授業者がどのような「問い返し」を選択するかは、C児の実態やC児と級友との関係などによっても変わります。「問い返し」は学級づくりの視点なくしてはできない高度なコーディネート術なのです。

（岩崎　直哉）

4 単元の流れを可視化する

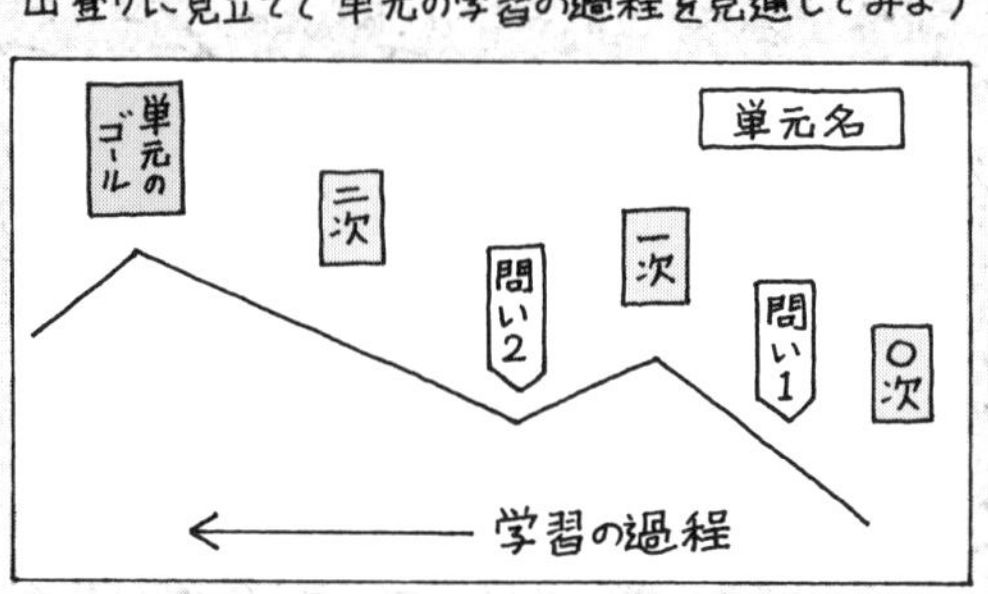

ポイント

「単元マップ」を活用して、単元の流れを可視化しよう

1 はじめに

今、何のために学習をしているのか?どんなゴールに向かって活動すればよいのか?授業者だけが単元の流れをわかっているのではなく、子どもたちにも共有されると学習指導の効果は上がります。では、どのように子どもたちと単元の流れを共有すればよいのでしょうか。

2 活動の流れを示すという発想

研究授業などで、単元の活動が表に示されている教室をしばしば見かけます。単元の活動を子どもたちに知らせて、見通しをもたせようという手立てです。授業者は指導案を立て見通しをもって授業をします。子どもたちはそれほど昨日と今日の活動に、あるいは、先週と今週の活動に、つながりがあることを意識していません。単元の流れを表で示すことは、子どもたちに活動の見通しをもたせ主体的に授業に参加させる利点があります。

一方で、活動の流れを予め示すことには難点もあります。具体的に示すことで、今日の授業は何をするのかな？どんな発見があるのかな？といった、学習者のわくわく感を阻害する可能性があるのです。かといって、あまり抽象的すぎると結局どんな活動をするのか伝わらず意味がなくなります。

3　山登りになぞらえて

そこで、単元の流れを共有するための一つのアイディアを紹介します。子どもたちに伝わりにくい表ではなく、「山」で表す単元マップの活用です。単元の学習を山登りに見立て、単元のゴールを「山頂」に置き、学習の過程を「山登りの過程」とします。これは、一気に活動の流れを示すものではありません。1時間ごとに徐々にゴールへ向かって積み上げていくものです。最初は、右ページの図のように1本の山の稜線が引かれているだけです。そこにゴールの姿が描かれ、0次でもった問題意識が書かれ、一次で習得されたことが書かれ、二次でどのように活用されるのかが書かれ…というように、1時間ごとに徐々に子どもたちの目の前で記入していくようにします。

4　0次という発想

ところで、単元の導入に0次という時間を設ける発想があります。例えば、国語科で表現活動（作文やスピーチなど）が設定されるとします。このとき、いきなり一次の活動に入るのではなく、国語科以外の時間を使って問題意識を醸成する0次を設けることをお勧めします。例えば、一次で「平和」をテーマにした説明的文章を読んで、二次で平和を訴える文章を書く活動を設定するとします。この場合、0次で道徳の時間を使って、平和について考える時間を設けたり、社会科の時間に歴史的事実を確認したりすることが考えられます。テーマによっては、授業時間外の、朝の会・朝読書の時間・給食の時間などの日常的なちょっとした時間を使うことも考えられます。0次に、ゴールの姿を知り意識することで、見通しをもって学習することができます。

5 「赤ちゃんブック」をつくろう（一年）

具体的に、一年生の授業で単元マップを活用した例を紹介します。「どうぶつの赤ちゃん」は、ライオンとしまうまの赤ちゃんを事例に、「生まれたばかりのようす」と「大きくなるようす」を紹介する説明文です。この説明文を読み、学んだ書き方を生かして、それぞれが調べた動物の赤ちゃんの説明文を書き、学級で1冊の「赤ちゃんブック」を作るという単元です。

0次・「赤ちゃんクイズ」をする
・「赤ちゃんブック」を作るというめあてを知る（人数分の図鑑を用意し、並行読書をさせる）

一次①「はじめ」「せつめい」の意味段落を見つけ、大体の内容をつかむ

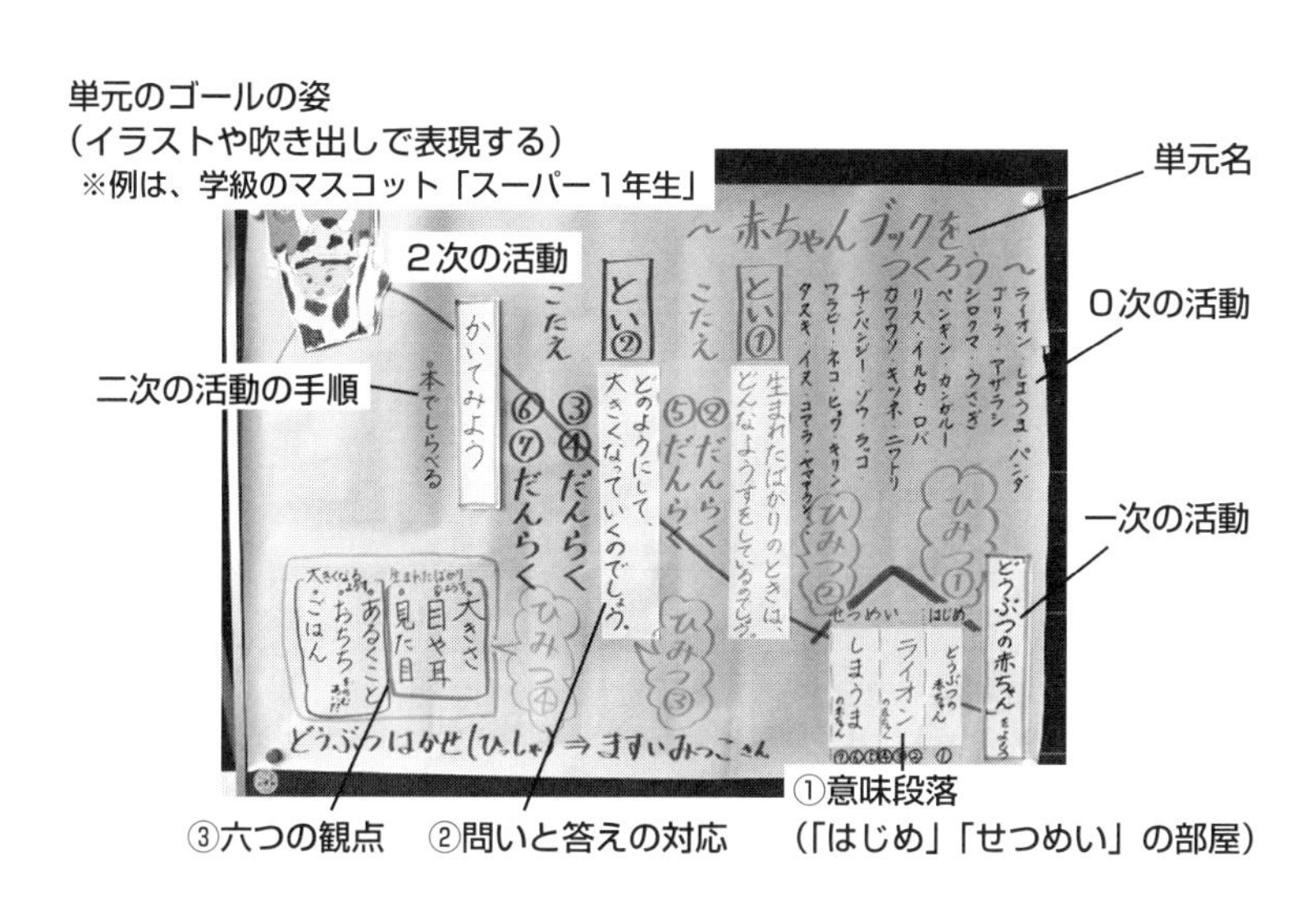

②二つの問いと答えを対応させて、同じ順序で書かれていることがわかる
③事例を対比して、六つの観点で順序よく書かれていることを読み取る

二次・調べた動物の赤ちゃんの「せつめい」を、観点ごとに順序よく書く。

このような活動の流れを、上のようにマップ状に示すことで、1年生にも、単元の流れを意識させることができます。一次が終わる頃に「単元マップ」を眺めていた男の子が、「ぼくは、もうイルカの赤ちゃんだったら書けるよ」と、話してくれました。それを聞いた子どもたちも、「私は、コアラだったら」とか、「ペンギンは生まれたときは、一五センチで、目は見えていて…」などと口々に言います。二次を意識しながら、一次の学習を進める姿が見られます。（岩崎　直哉）

5 言葉の学びが楽しくなる瞬間をつくろう

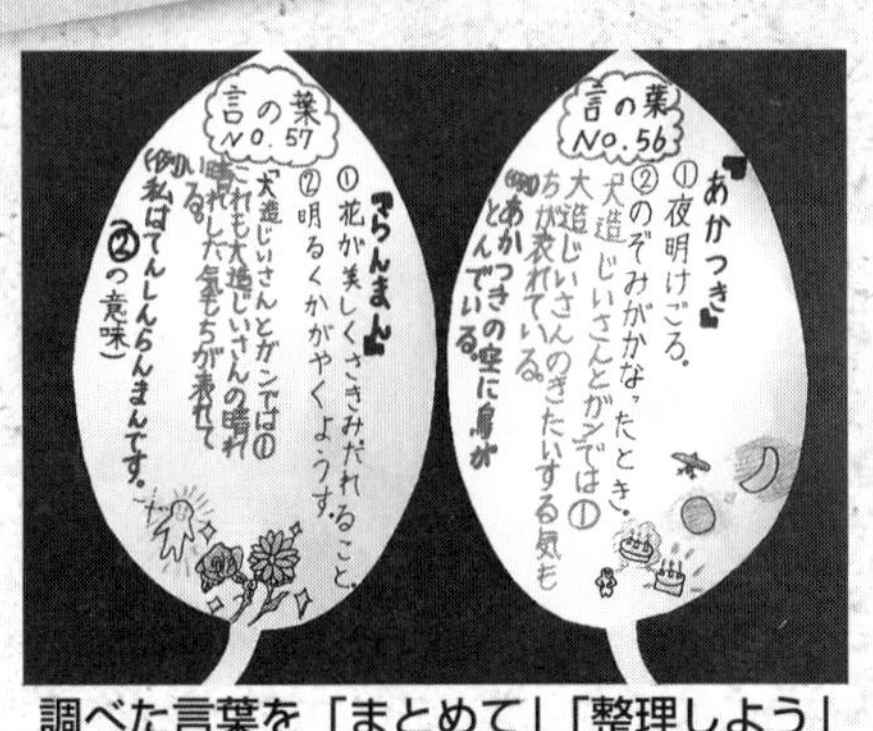

調べた言葉を「まとめて」「整理しよう」

ポイント

言葉にこだわる教師の姿勢が、言葉にこだわる子どもを育てます

トピック的な「言葉遊びゲーム」は、多くの書籍で紹介されています。実践すると、子どもたちはとても意欲的に楽しく学習に取り組みます。そして、その時間は充実した時間を過ごしたように感じます。

しかし、言葉の力が備わっていなかったり、一過性の活動になってしまったりすることも多いのではないでしょうか。

言葉の学びを好きになるためには、トピック的な学習だけではなく、日々の授業での継続した学習との「両輪」が必要です。

1 明日の言葉をチョイスする

物語であっても、説明文であっても、漢字や文法的な内容であっても、何次であっても、明日の国語の時間の中で、5分間クローズアップする言葉を選びます。

選ぶ言葉は…

・本文に登場するさらっと読み流しそうな言葉。
・知っていそうだけど実はそんなに知らない言葉。
・ずばりキーワード。

そのような言葉を、前日の教材研究の時にピックアップします。

2　明日の言葉を調べる

教材研究の中で、ピックアップした言葉を辞典で調べます。調べてみると、その言葉を学ぶにあたって、効果的な学習活動が浮かんできます。

A　意味が複数ある場合、本文で使われている言葉の意味を考える。
B　意見が分かれる場合、話し合いをして答えを導く。
C　違う言葉に置き換える。
D　意味を表す熟語がないか考える。
E　言葉を使った例文を作る。
F　カードにまとめる。
G　絵や図で表す。
I　動作化をする。

子どもたちが辞典で意味を調べた後は、これらの学習活動の中から、その言葉を楽しく学ぶことができる活動を複数選びます。ゲーム的要素があったり、本文との関連から知的好奇心をくすぐる内容であったりすることが「楽しい」につながります。

また、丁寧にまとめることが好きな子、体を動かし人とかかわることが好きな子、イラストを描くことが好きな子など、言葉の学習が様々な子どもの「楽しい」に対応するように設定します。

3 『ごんぎつね』から

4年『ごんぎつね』の実践です。

明日の言葉は、「…神様にお礼を言うんじゃあ、おれは引き合わないなあ。」の【引き合う】です。

子どもたちに辞典を引かせるにあたって大切なことがあります。それは、

すぐに辞典を引かせない

ことです。辞典を引く前に意味を予想させて、しっかりとその言葉のもつイメージに自分を浸らせます。

十分に予想を出し合った後に、実際に辞典を引きます。【引き合う】には、次のような意味があります。

> ⑥ 互いにひっぱりあう。
> ⑦ 引き受けて損得がつりあう。割りにあう。また、もうけがある。
> ⑧ 努力する価値がある。
> ⑨ 取引する。約束する。
> ⑩ 手をとりあう。協力する。
> 大辞林　第三版（三省堂）

辞典を引いた後に設定した学習活動は、A・B・C・Fです。意味が複数ある言葉

なので、Ａ・Ｂが盛り上がります。Ｃは「釣り合わない」があります。Ｆは継続して行います。

以前に【つぐない】（罪やあやまちの埋め合わせをする）を扱っているので、この時のごんの発言に違和感を感じます。これまでの場面では、無償の償いであった行動ですが、【引き合う】が出てきた場面では、見返りを求めているのです。

その後、「ごんは何と何が引き合ってほしいのか。」を問います。すると、「栗や松茸をもっていくことと兵十のお礼」「親切な行動と気付いてくれること」などの答えが返ってきます。最初は償いで始まったのに、この場面では「償いをしているのは自分だと気付いてほしい」「ひとりぼっち同士友達になりたい」というような気持ちに変化していることが理解できます。【引き合う】をピックアップしたことによって、主題に迫る学習にまで広げることができます。

言葉一つが、登場人物の表に出て来ない心情を表すことを知ります。そして、作者が吟味に吟味を重ねて一つの言葉を選択していることに気付きます。

4　言葉にこだわる子どもたちに

国語の時間に毎回、言葉を学ぶ時間を5分設定しましょう。クイズ形式にしたり競争をしたりなど、じっくりと読みを深める時間から一転、発散できるような時間帯にします。そして、結果的にその言葉の習熟につなげます。言葉のもつパワーを感じさせて、言葉にこだわる子どもたちを育てていきましょう。

（大江　雅之）

6 挙手を増やす方法

ポイント

伝え合い、学び合う教室づくりの基礎・基本！

1 なぜ、子どもは挙手をしないのか

一般的な授業の中では、教師が問いかけ、その問いに対して意見や考えがある子が手を挙げ、発言する……という流れが繰り返されます。そして、この流れを繰り返すなかで、多くの先生が悩むのです。「うちの学級は手を挙げる子が少ない」「いつも同じ子ばかりが手を挙げる」……と。

たくさんの子どもが手を挙げ、活発に意見を交流する授業がしたい。教師なら誰もがそう思うことでしょう。しかし、それは、とてもとても難しいことなのです。

先生方の研修会や会議を思い出してみてください。たくさんの先生が手を挙げて、活発に意見する場面はどれほどあるでしょうか。あなた自身のことを思い出してみて

ください。「的はずれなことを言ってしまうのではないだろうか」などという思いが挙手を妨げる。そんな場面が思い出されるのではないでしょうか。

子どもだって、思いは同じなのです。

2　誰もが手を挙げられる問いかけから

では、どうやって挙手を増やしていけばよいのでしょう。

その答えは、「答えやすい問いかけの数を増やす」ことだと考えます。授業と直接関係なくてもいいのです。とにかく、手を挙げる機会を保障することが大切です。

そのためには、例えば、次のような問いかけが考えられます。

・「ごんぎつね」って、何ページからだっけ？

普通なら、このような問いかけをしたり、このような問いかけに挙手を求めたりすることはないでしょう。そこを、敢えて挙手の場面にしてしまいます。すぐに「○ページです」と答えようとする子もいるでしょう。それを制して、挙手を求めます。制する際には、焦ってはいけません。むしろ、発言が得意な子どもに「○ページです」と言わせてから「シッ！わかった人は手を挙げて」と声を掛けるくらいがベターです。誰かが発した声を聞くことによって、挙手できる子どもが増えるからです。

全員の手が挙がらない場合は、一度手を下ろさせて、確認の時間をとります。全員が教科書を開き、確認するまで待ちます。全員隣同士で確認させてもいいでしょう。全員が確認できたら、再度問いかけます。「『ごんぎつね』は何ページからですか！」教師も一緒に勢いよく手を挙げます。全員の手が挙がったら、「せーの！」の合図で全員で答えさせます。そして、おおいに褒めます。

　このような、全員が手を挙げる場面を繰り返し授業内で実現することで、手を挙げることへの抵抗感をなくしていくことが大切です。

3　挙手のさせ方あれこれ

　ここまでは、挙手することを常態化するための学級風土づくりについて述べました。ここからは、挙手の仕方について何点か書きたいと思います。

(1)効果音で勢いをつける

　自信なさそうに、小さく手を挙げる子どもの姿。小さく挙がったその手はふりしぼった勇気そのものです。とてもとても尊いものです。大事にしなければいけません。しかし、できることならしっかりと指先まで伸ばして挙手してほしいと思うのが教師の性（さが）。そこで効果音の登場です。「もっとしっかり手が挙がるといいなあ……せーの『ピン！』」声を掛けながら、教師自身も指先を伸ばしてピン！と挙手します。子どもたちに勢いをつけるのです。小さく手を挙げている子に向けて笑顔のアイコンタクトができればなお良いでしょう。

　また、たくさんの子どもに手を挙げてほしいときには「ズバッ！」も効果的です。平易な問いかけで挙手を求めたけれども、少人数しか手が挙がらない。そんな時には一度手を下ろさせて語りかけます。「うーん、もっと手が挙がると思うんだけどなあ……ちょっと周りの人と相談して、自分の考えに自信をもとう。……よし、いいかな? ズバッといくぞ。ズバッと手を挙げよう。せーの『ズバッ!』」子どもたちを見渡しながら、教師も勢いよく手を挙げます。手を挙げようという気持ちがもてる、前向きな雰囲気ができあがります。

⑵指名順ルールを決める

多くの子どもの手が挙がるようになってくると、新たな悩みが生まれてきます。誰を指名するか、どういう順番で指名するか、ということです。ノート記述やつぶやきなどから考えを見取って指名順を決めることが授業の基本ですが、それだとどうしても指名される子が偏りがちです。たまにしか挙手しない子を優先したくなるのも教師の性(さが)。でも、「私は何度も手を挙げてやっと指名されるけれど、〇〇ちゃんはたまに手を挙げると必ず指名されてずるい」……なんて声が上がることもあります。

ですから、子ども向けのルールを二つ、決めておきます。一つ目は「小さな勇気を大事にする」こと。いつでも手を挙げられる子には、いつでも発言のチャンスがあります。たまに勇気を出した子に優先的にチャンスを回すというルールです。二つ目は「指先と目とで訴えかける」こと。「はいはい!」と連呼してアピールするのではなく、伸びた指先と目力とで「私に発表させて!」とアピールするように教えます。

個々の指先や目力をどう評価するかは教師側の見方次第。場に応じた理由付けで指名することが可能になります。

（井上　幸信）

●●参考文献・資料●●

Ⅱ　日記

1　ステップで進める絵日記指導

・絵日記用のシートは、SENSEINOTE（センセイノート）という教員向けSNSで公開している。サイト内で「井上幸信」を検索し、「引き出し」からダウンロードして使っていただきたい。URLはhttps://senseinote.com/

2　帰りの会で書く「ふり返りタイム日記」のすすめ

・弥延浩史『小学校国語　クラス全員が熱中する！　話す力・書く力をぐんぐん高めるレシピ50』明治図書、2014年

Ⅳ　読書指導

4　ブッククラブを取り入れた読み聞かせ

・タフィー・E・ラファエル、キャシー・ハイフィールド、ローラ・S・パルド『言語力を育てるブッククラブ―ディスカッションを通した新たな指導法―』ミネルヴァ書房、2012年

●●参考文献・資料●●

Ⅴ　朝の会・帰りの会

1　朝の会・帰りの会の目的と内容

・赤坂真二『スペシャリスト直伝！　学級を最高のチームにする極意』明治図書、２０１３年

Ⅵ　学級会

4　国語と学級活動の話し合いを同期させる

・文部科学省『小学校学習指導要領解説特別活動編』平成20年

Ⅸ　そのほか

5　言葉の学びが楽しくなる瞬間をつくる

・松村 明編『大辞林第三版』三省堂、２００６年

○編著者○

二瓶　弘行
筑波大学附属小学校教諭・立教大学文学部兼任講師

○執筆者○

夢の国語授業研究会

執筆者一覧（50音順）

氏名	所属	担当
井上　幸信	新潟県・加茂市立石川小学校教諭	Ⅱ-1、Ⅸ-6
岩崎　直哉	上越教育大学教職大学院　院生	Ⅷ-2、Ⅸ-3、4
大江　雅之	青森県・八戸市立町畑小学校教諭	Ⅵ-4、Ⅸ-5
笠原　冬星	大阪府・寝屋川市立成美小学校教諭	Ⅶ-2
片山　守道	お茶の水女子大学附属小学校教諭	Ⅰ-2
小林　康宏	長野県・佐久市立岩村田小学校教諭	Ⅱ-3、Ⅸ-2
宍戸　寛昌	福島県・二本松市立二本松南小学校教諭	Ⅲ-3、Ⅷ-1
谷内　卓生	新潟県・糸魚川市立糸魚川小学校教諭	Ⅴ-1
出口　尚子	雙葉小学校教諭	Ⅲ-2、Ⅳ-3、Ⅵ-2
流田　賢一	大阪府・大阪市立本田小学校教諭	Ⅳ-2、4
灘本　裕子	大阪府・豊中市立上野小学校教諭	Ⅳ-10、Ⅶ-3、Ⅷ-3
二瓶　弘行	筑波大学附属小学校教諭	序章
平野　俊郎	新潟県・新潟市立岡方第一小学校教諭	Ⅳ-8
広山　隆行	島根県・安来市立島田小学校教諭	Ⅰ-1、Ⅵ-3
藤井　大助	香川大学教育学部附属高松小学校教諭	Ⅳ-1、5、7、9、Ⅴ-2
弥延　浩史	青森県・藤崎町立藤崎小学校教諭	Ⅱ-2、Ⅶ-1
山本　真司	南山大学附属小学校教諭	Ⅲ-1、4、5、Ⅳ-6、Ⅵ-1、Ⅸ-1

子どもがどんどんやる気になる
国語教室づくりの極意
―学級づくり編―

2015（平成 27）年 2 月 12 日　初版第 1 刷発行
2017（平成 29）年 2 月 13 日　初版第 7 刷発行

編著者：二瓶　弘行
著　者：夢の国語授業研究会
発行者：錦織　圭之介
発行所：株式会社　東洋館出版社
〒 113-0021　東京都文京区本駒込 5 丁目 16 番 7 号
営業部　電話 03-3823-9206　FAX 03-3823-9208
編集部　電話 03-3823-9207　FAX 03-3823-9209
振　替　00180-7-96823
URL　http://www.toyokan.co.jp
イラスト：パント大吉
印刷・製本：藤原印刷株式会社

ISBN978-4-491-03092-0
Printed in Japan